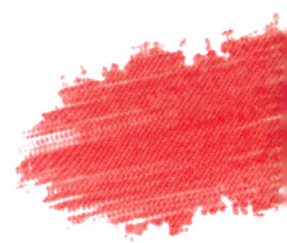

몬드리안 질서와 조화와 균형의 미

몬드리안 질서와 조화와 균형의 미

정은미 글 | 이현 미술놀이

예술가들이 사는 마을 10
몬드리안 질서와 조화와 균형의 미

초판 1쇄 발행 2017년 11월 02일
초판 2쇄 발행 2021년 06월 21일

글쓴이 정은미
미술놀이 이현

편집장 천미진
편　집 임수현, 민가진, 이정미
디자인 한지혜, 강혜린
마케팅 한소정
경영지원 구혜지

펴낸이 한혁수
펴낸곳 도서출판 다림
등록 1997년 8월 1일(제1-2209호)
주소 07228 서울시 영등포구 영신로 220 KnK디지털타워 1102호
전화 (02) 538-2913 | 팩스 (02) 563-7739
블로그 blog.naver.com/darimbooks
다림 카페 cafe.naver.com/darimbooks
전자 우편 darimbooks@hanmail.net

ISBN 978-89-6177-155-9   73600
ISBN 978-89-6177-030-9   (세트)

ⓒ 정은미, 2017

*이 책 내용의 일부 또는 전부를 사용하려면 반드시 저작권자와 도서출판 다림의 서면 동의를 받아야 합니다.
*책값은 뒤표지에 있습니다.
*출판 당시 저작권자 확인 불가로 부득이하게 허가를 받지 못하고 사용한 그림에 대해서는
 추후 저작권을 확인하는 대로 절차에 따라 적법한 저작권료를 지불하겠습니다.

제품명: 몬드리안- 질서와 조화와 균형의 미	제조자명: 도서출판 다림	제조국명: 대한민국
전화번호: 02-538-2913	주소: 서울시 영등포구 영신로 220 KnK디지털타워 1102호
제조년월: 2021년 06월 21일	사용연령: 10세 이상

※KC마크는 이 제품이 공통안전기준에 적합하였음을 의미합니다.

⚠ 주 의

아이들이 모서리에 다치지
않게 주의하세요.

차례

이것도 그림일까?	7
나무에서 시작된 추상미술	25
단순할수록 아름답다	45
브로드웨이 부기우기	71
뜨거운 추상 vs 차가운 추상	87
부록	99

1. 몬드리안보다 앞선 조선 보자기
2. 몬드리안의 발자취
3. 미술관에 놀러 가요

1

이것도 그림일까?

■ 수록 작품

피에트 몬드리안 〈빨강, 노랑, 파랑의 마름모꼴 구성〉 1921~1925년, 캔버스에 유화, 143x142cm, 워싱턴 내셔널갤러리 (9쪽)
피에트 몬드리안 〈구성 no. II: 파랑, 빨강의 구성〉 1929년, 캔버스에 유화, 40.5x32cm, 뉴욕 현대미술관 (13쪽, 왼쪽)
테오 반 두스뷔르흐 〈동시의 역구성〉 1929~1930년, 캔버스에 유화, 50.1x49.8cm, 뉴욕 현대미술관 (13쪽, 오른쪽)
피에트 몬드리안 〈구성〉 1929년, 캔버스에 유화, 52x52cm, 바젤 시립미술관 (15쪽, 왼쪽)
한스 홀바인 〈대사들〉 1533년, 나무에 템페라화, 207x209.5cm, 런던 내셔널갤러리 (16쪽)
〈린디스판 복음서〉 중 '카펫 페이지', 700년경, 양피지에 템페라화, 23.5x34.3cm, 런던 영국박물관 (19쪽)
〈켈스의 서〉 중 '키 로 페이지', 800년경, 양피지, 33x24cm, 아일랜드 트리니티대학 (20쪽)
피에트 몬드리안 〈트라팔가 광장〉 1939~1943년, 캔버스에 유화, 145.2x120cm, 뉴욕 현대미술관 (21쪽)

'저런 건 나도 그리겠다!'

'엇, 우리 엄마도 이런 스카프 있는데…….'

피에트 몬드리안(Piet Mondrian, 1872~1944)의 그림을 보면서 혹시 이런 생각을 하지 않았니? 아무리 봐도 보이는 것은 빨강, 노랑, 파란색의 작은 세모꼴과 흰색 면들, 그리고 검은 선뿐이잖아.

'내가 보기엔 그냥 쓱쓱 자 대고 줄 그어서 칠만 한 건데, 이게 그렇게 유명한 그림이라고?'

맞아, 현대미술은 정말 모르겠지?

이 어려운 문제에 우리 한번 같이 도전해 볼까? "복잡한 일일수록 단순하게 풀어라."라는 말이 있지. 사실 알고 보면 현대미술이란 골치만 아프고 나랑 상관없는 다른 세상 사람들의 이야기가 아니야. 오히려 재밌게 보고 즐길 수 있는 '우리들의 이야기'라는 것을 알게 될 거야.

작가는 글로, 음악가는 음악으로, 그리고 화가는 그림으로 자신의 생각과 감정을 표현해. 그리고 우리는 여러 다양한 형식의 예술을 접하면서 우리 삶의 이야기를 다시금 돌아보게 되지. 마치 우리가 거울을 통해서 비로소 실제 자기 모습을 보게 되듯이 말이야. 보통 아름다움을 느끼기 위해 예술을 가까이한다고 하지만, 예술가들이 꼭 아름다움만을 표현하는 것은 아니야. 왜냐하면 우리가 살아가는 이야기에는 기쁘고 아름다운 일들만 있는 것이 아니라 간혹 화가 나기도 하고, 슬프기도 한 일이 있기 때문이지. 심지어 어떤 예술가들은 절망이나 분노, 혹은 비참함 같은 삶의 어두운 면만을 표현하기도 해. 물론 화가 개인의 상처에서 비롯되기도 하지만, 많은 경우가 시대적인 상황과 무관하지 않아. 왜냐하면 화가도 결국 사회의 일원이기에 자기가 살고 있는 시대의 역사적 상황에 영향을 받을 수밖에 없어.

이렇게 장황하게 설명한 이유는 몬드리안이 살았던 20세기 초의 시대적 상황을 알아야만 몬드리안의 작품을 이해할 수 있기 때문이야.

'왜 몬드리안은 추상미술로 자신의 마음을 표현했을까?'

이것이 이 책의 출발점이야. 그런데 '마음'이라는 것은 형태가 있지도, 눈에 보이는 것도 아니잖아. 추상미술가들은 눈에 보이는 현실 세계를 보고 그린 것이 아니라, 보이지 않는 마음의 세계를 표현했어. 너희들도 간혹 자신의 마음을 정확하게 표현할 수 없어서 답답한 경우가 있지 않니? 몬드리안은 그 어려운 것을 해낸 화가야.

자, 그럼 몬드리안 작품의 감상을 시작해 볼까? 만약에 몬드리안의 그림이 외출 전 꺼내 놓은 엄마의 스카프라면 어떤 생각을 하게 될까? 어떤 옷에 어울릴까? 몇 번 접어서 매면 좋을까? 그냥 길게 늘어뜨려 코디해도 멋진 스타일링이 될 것 같지 않니?

> **Tip 추상미술이란 무엇일까?**
> 추상미술이란 눈에 보이는 현실의 대상을 사실적으로 묘사하지 않은 그림을 말한다. 추상화가들은 색·선·면 등 최소한의 형태와 색채로 그림을 그렸다. 그렇기 때문에 감상자 입장에서는 작가가 무엇을 표현했는지 확실히 알 수 없고, 이 때문에 작품 감상을 어렵게 느끼기도 한다.

우리 주변의 추상미술에는 어떤 게 있을까? 우선, 아래의 슈뢰더 하우스 내부 사진을 볼까? 슈뢰더 하우스는 네덜란드의 건축가 게리트 리트벨트(Gerrit Rietveld, 1888~1964)가 슈뢰더 부인에게 의뢰받고 설계한, 간결하고 기능성 있는 집이야. 굉장히 세련되고 멋진 거실을 자랑하지. 이런 데에서 살면 얼마나 좋을까? 그런데 자세히 보면 어디서 본 듯한 기분이 들지 않니? 사진 왼쪽 거실 중앙에 보이는

*삼원색
바탕이 되는 세 가지 색. 그림물감에서는 자홍·청록·노랑이고, 빛에서는 빨강·초록·파랑이다.

*데 스틸(De Stijl)
네덜란드어로 '양식'이라는 뜻.

의자는 가구 디자이너이기도 한 리트벨트가 제작한 〈적, 청의 안락의자〉(1917~1918)인데, 몬드리안의 작품과 느낌이 상당히 비슷하지? 그건 리트벨트가 몬드리안의 추상미술에서 받은 영감을 자신의 건축과 가구 디자인에 적용했기 때문이야.

실제로 리트벨트는 실내디자인을 가로와 세로선으로 단순화하고 오직 흑백과 원색만 사용하였어. 삼원색*과 점, 선, 면만을 이용한 이 건물과 의자는 그의 대표적인 작품이자 '데 스틸*'의 대표적 상징이기도 해.

'데 스틸'이란 1917년 네덜란드에서 일어난 추상미술 운동으로 몬드리안과 테오 반 두스뷔르흐(Theo van Doesburg, 1883~1931), 리트벨트 등이 모여서 만든 잡지의 이름에서 유래해. 이들은 큐비즘의 영향을 받은 간결한 스타일로 구성과 기능을 강조하며, 20세기 미술·건축에 많은 영향을 주었어. 네덜란드의 작은 도시에 있는 이 작은 집은 2000년, 유네스코 세계문화유산으로 지정되었지.

데 스틸 운동에 침여한 몬드리안, 두스뷔르흐, 리트벨트의 작품들을 나란히 놓고 보면 이들 모두가 비슷한 생각을 갖고 작업했다는 것을 한눈에 알 수 있지. 이 그룹의 대장이 몬드리안이었는데, 그래서 그런지 마치 몬드리안 사단의 작

1921년에 발간한 〈데 스틸〉의 표지야.

> **Tip 큐비즘**
> 입체파라고도 한다. 20세기 초 프랑스에서 일어난 서양미술 사조 중 하나로 형태의 본질을 객관적으로 파악하고자 사물을 여러 시점과 입체적으로 표현한 미술 운동이다.

데 스틸 운동에 참여했던 몬드리안의 작품(왼쪽)과 두스뷔르흐(오른쪽)의 작품이야.

품을 보는 것 같지 않니? 리트벨트의 건축과 가구는 몬드리안 그림의 3D 버전이라고 보면 돼. 간결한 기하학적인 구조임에도 단순미와 세련미에서는 현대 건축에 결코 뒤지지 않아 보여.

 요즘 우리나라에도 북유럽풍 실내장식이 유행하고 있어. 실용적이면서도 세련되고 고급스러운 이미지 때문이야. 북유럽 가구는 장식을 배제하고 기능성과 대량생산에 적합한 디자인을 찾으려는 모던디자인* 운동에서 시작되었어. 이 운동을 주도한 것이 네덜란드의 '데 스틸'과 독일의 '바우하우스'였지.

 19세기까지 의자는 장인이 일일이 수작업으로 제작했기 때문에 제작기간이 오래 걸리고 가격도 아주 비쌌어. 장식도 많고 무겁기까지 한 고

*모던디자인
바우하우스를 계기로 전개된 기능주의적인 디자인.

급 의자는 당연히 권위와 신분을 상징했단다. 전통적인 생산 방식에 변화가 일어난 것이 20세기에 들어서인데, 그 혁신의 배경에는 의자 수요의 폭발적인 증가가 있었어. 근대 이후 도심에는 수많은 카페가 생겨났고, 공교육의 확대로 학교들이 들어서고, 산업 활동에 필요한 사무실이 늘어났지. 새로운 공간에서 사용할 의자가 대량으로 생산되었어. 과거의 무겁고 비싼 과시용 의사 대신 '사용하기 편하면서 싸고 실용적인' 의자가 필요하게 된 거지.

이런 사회적 분위기에서 데 스틸 그룹은 '의자란 다리 네 개에 나무와 천으로 만든 것'이라는 오래된 상식에 도전했어. 전에 없던 새로운 의자 형식을 만들었지. 장식이 전혀 없는 간결하고 기하학적인 의자인 〈적, 청의 안락의자〉는 이렇게 탄생했어. 때마침 등장한 산업사회의 대량생산 시스템은 시대적 요구와 디자이너의 실험을 뒷받침해 줄 수 있었지. 한마디로 의자의 혁명이었어. 〈적, 청의 안락의자〉는 보기에는 불편해 보이지만 등받이 각도나 넓은 팔걸이 등이 기능적으로 디자인되어서 앉았을 때 오히려 편안함을 느낀다고 해.

요즘 소박한 삶을 추구하는 '미니멀 라이프' 열풍이 우리나라에도 확산되고 있는데, 미니멀리즘*의 시작이 추상화가 몬드리안이 주도한 데 스틸 운동이라고 볼 수 있어. 이들의 이론은 독일의 바우하우스에 영향을 주었고 바우하우스의 예술가들은 장식이 없는, 말 그대로 미니멀한 모던 디자인 스타일의 기초를 마련했지.

바우하우스는 건축가 그로피우스(Walter Gropius, 1883~1969)가 1919년에 설립한 공예·건축·디자인 등의 종합예술 학교인데, 세계 미술교육 분

* 미니멀리즘(Minimalism) 단순함을 추구하는 예술 및 문화 사조.

몬드리안 작품 〈구성〉과 바우하우스의 건물을 비교해 봐.
닮아 있는 것을 느낄 수 있어.

야에 지울 수 없는 발자취를 남긴 곳이야. 바우하우스는 '건축의 집'이라는 뜻을 갖고 있어. '산업에 예술을!'을 학교의 슬로건으로 채택한 것으로 보면 바우하우스의 교육목표를 확실히 알 수 있지. 장식적인 것을 일체 없애고 기능과 경제성을 갖춘, 군더더기 없는 디자인에 기계에 의한 대량생산 방식을 적극적으로 도입했어. 대중을 위한 디자인을 표방했던 거야. 오늘날 우리가 선호하는 모던디자인의 개념이 이 학교에서 시작된 거지. 바우하우스의 기능주의적 디자인 이론은 전 세계에 엄청난 영향을 끼치며 오늘날까지 대중의 생활 방식을 지배하고 있다고 보면 돼.

그런데 참 이상하지 않니? 데 스틸 양식의 가구나 건축, 인테리어 등을 보면 '참 세련되고 멋있다'라는 생각이 들다가도, 몬드리안의 그림을 보면 '도대체 뭘 그린 거야?' 하게 되거든. 같은 생각을 표현한 건데, 왜 그림으로 보면 어려워지는 걸까? 그건 우리가 항상 그림에는 어떤 의미가 있다고 생각하기 때문이야. 물론 과거의 화가들은 그림에 이야기를 담았고, 주제와 상징을 사실적으로 그렸어.

예를 들어, 한스 홀바인(Hans Holbein, 1497~1543)이 그린 〈대사들〉이 여기에 해당돼. 이 그림은 헨리 8세 시기, 영국에 머물고 있던 프랑스 대사들을 그린 일종의 초상화야. 그림 속 탁자에 놓여 있는 물품들은 이 그림이 그려진 16세기가 종교적인 속박에서 벗어난 인간의 시대이자 과학의 시대임을 보여 주고 있어. 그리고 탁자 아래쪽을 보면 류트라는 악기의 줄이 끊어져 있는데, 이는 가톨릭과 신교 사이의 갈등을 상징한단다. 화가는 우리가 알아보기 쉽도록 아주 친절하게 그려 놓았어.

반면에 현대 화가들은 그림 속에 이야기를 담거나 사실적으로 표현하

바닥에 그려진 기이한 물체는 길게 변형된 '해골'이야. 인생의 덧없음과 허무함을 상징하고 있어.

는 것을 거부하고 색과 구성, 점, 선, 면 등의 순수한 조형 요소만으로 그렸어. 그래서 추상회화 이전의 서양미술을 문학적인 미술로, 이후의 미술을 음악적인 미술로 나누기도 해.

여기서 한 가지 의문이 들 거야. 왜 현대 화가들은 사실적인 미술을 버리고 추상미술을 시도했을까? 주목할 점은, 새로운 미술의 탄생 배경에는 역사적 변화와 시대적 요구가 맞물려 있다는 사실이야. 추상회화는 제1차 세계대전을 전후한 시기에 형성되었어. 전쟁의 참혹함과 인간의 광기를 경험한 예술가들은 이성과 합리주의에 바탕을 둔 서양미술의 사실주의 전통에 반기를 들었어. 전쟁과 추상미술의 관계는 3장에서 좀 더 자세히 설명하도록 할게.

몬드리안이 그린 방식은 현실의 모습과는 완전히 다르지. 그림이라고 하는 것이 꼭 우리들이 살고 있는 현실 세계와 같을 필요가 있을까? 무엇을 그렸는지, 혹은 어떤 의미를 상징하는지 알지 못해도, 잘 구성된 점이나 선, 그리고 색만으로도 보는 즐거움을 느끼는 경우가 있잖아. 그림의 장식적인 효과만으로 시각적 즐거움을 줄 수 있다면, 그것만으로도 충분히 예술적 가치가 있어. 심지어 형체를 알 수 없는 이미지를 이리저리 꾸며 보는 것이 실제보다 훨씬 재미있고, 평면 장식에 더 어울리는 경우도 있거든.

고대 중국의 청동기 시대에는 특히 디자인이 걸작인 유물이 상당히 많아. 상 왕조 시대(B.C. 1600~B.C. 1046년경)는 중국 역사에서 청동

중국 상 왕조 시대 때 사용한 제례용 청 그릇이야.

*천자(天子)
하늘을 대신하여 천하를 다스리는 이.

*기하문
직선·곡선의 도형을 가진 추상적인 무늬.

기가 가장 발전한 시기야. 중국의 황제는 천명을 받아 만백성을 다스린다고 생각하여 천자*라고 불렀는데, 그에 따라 많은 제사를 주관하였어. 그래서 출토된 이 시기의 청동기는 대부분 제기나 무기류지. 청동기의 문양으로는 동물도 있지만, 대체로 구름이나 파도처럼 구불거리는 무늬가 많아. 고대인 특유의 상상력과 미감이 엿보이지. 상 왕조 시대의 제례용 청동 그릇이 우리의 관심을 끄는 것은 표면에 장식된 가늘고 섬세한 무늬의 우아함 때문이야. 이것을 기하문*이라고 하는데, 정교하면서도 복잡한 선으로 된 패턴이 조화를 이루고 있어. 고대 중국의 청동기 장인들은 선과 색채만으로 추상적 디자인의 아름다운 조합을 만들어 냈어. 장식미의 측면에서 보면, 꼭 어떤 사물을 구체적으로 묘사해야 할 필요가 없겠지.

*사복음서
마태오·마르코·루가·요한의 복음서.

중세 초기 기독교 예술가들 역시 추상적 조화를 추구했어. 700년경 영국에서 만들어진 〈린디스판 복음서〉의 '카펫 페이지'는 기하학적 도형과 추상 장식 문양이 전체를 구성하고 있지. 〈린디스판 복음서〉는 앵글로 색슨족과 켈트족의 전통을 융합한 독특하고 화려한 양식의 종교미술의 걸작이야. 중세에 채색 필사본으로 발간된 사복음서* 중에서 가장 아름다운 문양으로 장식된 것이 〈린디스판 복음서〉야. 그중에서 '카펫 페

《린디스판 복음서》는 세상에서 가장 아름다운 책으로 꼽히고 있어.

'이지'는 글씨 없이 선과 색만으로 장식한 것이 특징인데, 좌우가 대칭되고 화려한 색채와 선으로 구성된 십자가의 내부에 각종 문양들이 그려져 있어. 여기서 전체 이미지를 지배하고 있는 도형은 결국 그리스도교의 십자가야. 커다란 십자가가 중앙을 차지하고 있고, 크고 작은 도형 안에는 다시 화려한 색채와 소용돌이처럼 감긴 나선형의 문양들이 복잡하게 장식되어 있지. 약간은 무질서해 보이는 복잡한 구성을 십자가가 질서 있게 만들고 있어. 구성을 만들어 내는 선들은 시작도 끝도 없는데, 이는 곧 '신의 무한성'을 상징하는 거란다.

*아라베스크 문양
아랍 특유의 장식 문양으로 문자와 식물, 기하학적인 모티프가 어울려서 교차된 곡선 가운데 융합되어 가는 환상적인 무늬.

〈켈스의 서〉 역시 환상적인 디자인의 대표작이야. 아일랜드의 국보이자 서양 캘리그라피(서체)의 걸작 중 하나지. 중세 기독교 예술의 주목할 만한 작품의 하나인 〈켈스의 서〉에는 사복음서와 예수의 전기 등이 들어 있어. 그런데 정작 우리의 주의를 끄는 것은 커다란 장식 대문자 안팎에 구성된 나선 문양이야. 여기서 모든 장식들은 서로 유기적으로 연결되어 질서를 만들어 내며 화려함을 더하고 있지. 섬세하면서도 예술성이 높은 아라베스크 문양*을 연출한 중세 장인의 멋진 솜씨에 절로 감탄이 나올 뿐이야.

그에 비해 20세기 현대미술가 몬드리안의 그림은 단순함 그 자체야. 흰 바탕 면을 검은 선들이 직각으로 교차하여 분할하고, 그렇게 해서 만들어진 작고 깔끔한 면들에 순수한 삼원색을 칠했어. 몬드리안의 작품은 추상성을 띠고 있지만 복음서 장식의 구성처럼 종교적 의미를 담은 것은 아니야. 화가는 구성과 색채를 절제하고 아주 냉철하게 조화시킴으로써 단순한 장식 이상의 의미를 표현하고 있어. 몬드리안은 결벽증이 있을 정도로 표현을 제한했는데, 심지어 혼합색이나 곡선은 아예 쓰지 않을 정도였어. 가장 기본적인 직선과 삼원색만 사용해 작품에 이성적이고 냉철한 질서의 미를 보여 주고 싶었던 거야. 신분의 높고 낮음도 없고 차별도 없는, 누구에게나 평등한 이상적인 세상의 아름다움, 몬드리안이 찾고자 한 것은 바로 균형과 조화와 절제미였어.

몬드리안이 그린 〈트라팔가 광장〉이야.
트라팔가 광장은 영국의 런던 중심가에 있는 광장이지.

미술놀이

1-1 추상화를 닮은 패턴 찾아보기

어떤 사물을 꼭 닮게 그려야만 좋은 그림일까? 현실 세계와 같은 것만을 잘 그린 그림이라고 할 수 없어. 잘 구성된 점이나 선, 그리고 색만으로도 보는 즐거움을 느끼게 한다면 좋은 그림이라 할 수 있지. 그림의 장식적인 효과만으로 시각적 즐거움을 줄 수 있다면 그것만으로도 충분히 예술적 가치가 있다고 생각해. 파도처럼 구불거리는 무늬라든가, 방울방울 찍혀 있는 점, 반복되는 패턴 역시 보는 즐거움을 주지.

옛사람들은 선과 색채만으로 추상적 디자인을 만들어 냈어. 그런데 그 추상적 디자인은 현재까지 이어 내려오고 있지. 추상화를 닮은 사물들은 우리 주변에 많아. 주변을 둘러보면 선으로 구성된 건물, 우리가 걸어 다니는 바닥의 무늬, 집 안의 가구 등 많은 것들에 추상적 디자인이 담겨 있어. 우리를 둘러싼 사물들 중에서 추상미술을 닮은 것들을 한번 찾아보고 카메라에 담아 보자.

1-2 삼원색 찾아보기

준비물 카메라

몬드리안 그림의 중심에는 질서와 균형이 있어. 몬드리안은 가장 기본적인 직선과 삼원색만 사용해 작품에 이성적이고 냉철한 질서의 미를 보여 주고 싶어 했지. 삼원색은 빛의 삼원색과 염료의 삼원색이 있어. 빛의 삼원색은 빨간색, 파란색, 노란색으로 삼원광이라고도 해. 염료의 삼원색은 자홍색, 노란색, 남색이야. 몬드리안은 이 중 빛의 삼원색인 빨간색, 파란색, 노란색을 주로 사용했어. 그리고 색채를 절제하고 아주 냉철하게 조화시켰지.

몬드리안은 색채는 청, 적, 황의 삼원색과 백, 흑, 회색으로 한정하여 정밀한 비례미로 화면을 구성한다고 말했어. 몬드리안이 그림에 사용했던 삼원색에 대해 우리도 친숙해지는 과정이 필요하겠지?

우리 주변에는 삼원색을 품고 있는 자연들이 있단다. 자연들이 가지고 있는 삼원색을 카메라에 담아 보도록 하자.

나무에서 시작된 추상미술

2

■ 수록 작품

피에트 몬드리안 〈자화상〉 1900년경, 메소나이트 판에 씌운 캔버스에 유채, 55x39cm, 워싱턴 필립스컬렉션 (27쪽)
피에트 몬드리안 〈시계풀〉 1901년경, 종이에 수채, 72.5x47.5cm, 헤이그 시립미술관 (28쪽)
피에트 몬드리안 〈성 야곱의 교회가 있는 농장 풍경〉 1899년경, 종이에 수채와 구아슈, 53x65cm, 개인 소장 (29쪽)
피에트 몬드리안 〈야경 I〉 1908년경, 캔버스에 유화, 35.6x50.2cm, 개인 소장 (30쪽, 왼쪽 위)
빈센트 반 고흐 〈별이 빛나는 밤〉 1889년, 캔버스에 유화, 73.7x92.1cm, 뉴욕 근대미술관 (30쪽, 오른쪽 위)
피에트 몬드리안 〈햇빛 속의 방앗간〉 1908년경, 캔버스에 유화, 114x87cm, 헤이그 시립미술관 (30쪽, 왼쪽 아래)
모리스 드 블라맹크 〈정원사〉 1905년, 캔버스에 유화, 68.9x95.9cm, 파리 오르세미술관 (30쪽, 오른쪽 아래)
폴 세잔 〈목욕하는 여인들〉 1885~1887년, 캔버스에 유화, 65.5x65.5cm, 바젤 시립미술관 (32쪽, 왼쪽)
후안 그리스 〈피에로〉 1919년, 캔버스에 유화, 90x70cm, 파리 국립현대미술관 (32쪽, 가운데)
피에트 몬드리안 〈여인 초상〉 1912년, 캔버스에 유화, 115x88cm, 헤이그 시립미술관 (32쪽, 오른쪽)
피에트 몬드리안 〈붉은 나무〉 1908~1910년, 캔버스에 유화, 70x99cm, 헤이그 시립미술관 (33쪽, 왼쪽 위)
피에트 몬드리안 〈나무〉 1911~1912년, 캔버스에 유화, 65x81cm, 뉴욕 유티카미술관 (33쪽, 오른쪽 위)
피에트 몬드리안 〈회색 나무〉 1912년, 캔버스에 유화, 78.5x107.5cm, 헤이그 시립미술관 (33쪽, 왼쪽 아래)
피에트 몬드리안 〈사과나무 꽃〉 1912년, 캔버스에 유화, 78x106cm, 헤이그 시립미술관 (33쪽, 오른쪽 아래)
피에트 몬드리안 〈방파제와 바다: 구성 no.10.〉 1915년, 캔버스에 유화, 85x108cm, 오테를로 크뢸러뮐러 국립미술관 (34쪽)
피에트 몬드리안 〈색채구성 A〉 1917년, 캔버스에 유화, 50x44cm, 오테를로 크뢸러뮐러 국립미술관 (35쪽)
작가 미상 〈밀로스 섬에서 발견된 아프로디테〉 B.C. 2~B.C. 1세기, 대리석, 높이 202cm, 파리 루브르박물관 (37쪽)
피에트 몬드리안 〈구성〉 1929년, 캔버스에 유화, 52x52cm, 바젤 바젤미술관 (39쪽)
테오 반 두스뷔르흐 〈색채 구성〉 1923년, 취리히 그무르징스카갤러리 (40쪽)
작가 미상 〈조선 시대 이층장〉 19세기, 나무, 높이 146.5cm 폭 111x52cm, 서울 국립중앙박물관 (42쪽)

몬드리안이 20대에 그린 자화상이야.

몬드리안이 처음부터 추상미술을 그렸던 것은 아니야. 몬드리안은 1872년 네덜란드의 암스테르담 부근의 아메르스포르트에서 태어났어. 아버지인 피터르 코르넬리스 몬드리안은 초등학교 교장이었지. 몬드리안의 집안은 고전적인 예술가 집안이자, 정통적인 프로테스탄트 가정이었어. 아버지는 교회에 대한 헌신이 삶의 모든 것을 지배했던 독실한 칼뱅파였고 광신도에 가까웠어. 칼뱅파는 프랑스의 종교개혁자 칼뱅에게서 발단한 프로테스탄트 사상으로, 인간의 구원은 신이 미리 정해 놓았기에 자신의 직업에 근면 성실하고, 건전한 이윤을 추구하며 엄격한 금욕 생활을 할 것을 강조했지.

> **Tip 프로테스탄트**
>
> 프로테스탄트란 종교개혁의 주역인 마르틴 루터(Martin Luther, 1483~1546)가 1529년 열린 독일 슈파이어 회의의 판결에서 로마 가톨릭 세력에 저항(protest)한 데에서 유래한 말이다. 16세기에 일어난 종교개혁으로 로마 가톨릭에서 분리되어 나온 교파의 총칭으로, 기존 가톨릭과 대비해 '신교(新敎)'라고 부른다. 종교개혁은 부패한 가톨릭에 대항하여 마르틴 루터를 시작으로 츠빙글리(Ulrich Zwingli, 1484~1531), 칼뱅(Jean Calvin, 1509~1564) 등이 일으킨 혁신 운동이다. 로마 가톨릭교회 및 동방정교회와 더불어 크리스트교의 3대 교파를 이룬다.

보수적인 몬드리안의 아버지는 자녀들에게 군대식 훈육을 했다고 해. 몬드리안과 형제들은 항상 정해진 시간에 기도하고, 정해진 시간에 규칙적으로 식사를 해야 했어. 상상만 해도 답답하고 끔찍한 일이지! 게다가 종교에만 매달린 아버지는 막상 가계에 무관심해 집안은 늘 빈궁했고, 어머니는 자주 아팠기에 어린 몬드리안은 마음 둘 곳 없이 늘 외로웠어. 몬드리안의 성장 환경은 가난과 고독으로 둘러싸여 있었지. 몬드리안은 권위적인 아버지와의 정서적 거리감 속에서 세상과 담을 쌓은 채 자신만의 세계에 빠져들게 되었어.

그렇지만 몬드리안은 종교미술을 제작하기도

1901년경 그린 〈시계풀〉은 예수의 수난을 상징해. 그림 속 시계풀(시계꽃)은 과실의 여러 부위가 그리스도의 십자가 수난을 상징하는 모양이라고 하여 '예수님 수난의 꽃'이라고 불리거든.

했던 아마추어 화가인 아버지와 직업 화가인 삼촌 프리츠 몬드리안의 지도로 어린 시절부터 자연스럽게 그림을 가까이하며 성장했어. 하지만 자신의 아들이 목사가 되길 바랐던 아버지는 몬드리안이 직업 화가가 되는 건 반대했다고 해.

몬드리안의 초기 작품들을 살펴보면 형태를 구체적으로 그린 그림이 많다는 것을 알 수 있어. 〈성 야곱의 교회가 있는 농장 풍경〉을 볼까?

몬드리안도 초기에는 사실주의적 그림을 많이 그렸어.

왼쪽 그림이 몬드리안이 그린 〈야경 I〉이고, 오른쪽 그림이 반 고흐가 그린 〈별이 빛나는 밤〉이야.

왼쪽 그림이 몬드리안의 〈햇빛 속의 방앗간〉이고, 오른쪽이 야수파 중에서 가장 격정적이고 충동적인 성향인 블라맹크(Maurice Vlaminck, 1876~1958)의 그림 〈정원사〉야. 블라맹크는 굵고 자유분방한 붉은색, 노란색의 붓터치로 매우 역동적인 그림을 그렸어.

이 시기 몬드리안의 그림은 주로 소박한 전원 풍경 등을 그렸는데, 네덜란드에서 유행하던 양식을 따라 선명한 빛과 차분한 색조로 자연경관을 묘사했어. 몬드리안 역시 20대에는 고전적인 스타일의 풍경화나 정물화를 그렸다는 것을 알 수 있지.

30대 중반인 1907년경에는 빈센트 반 고흐(Vincent van Gogh, 1853~1890)나 야수파*의 영향을 받은 작업을 했어. 〈야경 I〉에서 하늘에서 회전하는 듯한 원형의 표현을 보면, 몬드리안은 당시 미술계에서 주목받기 시작한 고흐의 스타일을 사용했다는 것을 알 수 있어. 〈햇빛 속의 방앗간〉에서는 전통적인 주제를 사용하고 있지만, 단순하고 거친 형태와 강렬한 원색을 사용하고 있어. 이런 표현은 몬드리안이 야수파의 영향을 받았다는 것을 보여 주지.

*야수파
20세기 초 프랑스에서 일어난 미술 운동으로 원색을 대담하게 사용했으며, 붓질은 격렬하고, 형태는 극도로 단순화한 현대미술 사조.

30대 후반에 몬드리안은 **큐비즘에 심취**하기도 했어. 19세기만 해도 그림을 잘 그린다는 것은 대상을 있는 그대로, 똑같이 그리는 것을 의미했어. 하지만 폴 세잔(Paul Cézanne, 1839~1906)은 자연을 원통과 구, 원뿔로 단순화했어. 〈목욕하는 여인들〉에서 목욕하는 여인들의 얼굴은 원, 몸은 원통과 원뿔의 모양으로 표현되었어. 자연의 가장 기본적인 구조를 찾고자 했던 세잔의 도전과 노력이 현대미술의 기본 원리야. 피카소(Pablo Picasso, 1881~1973)가 주도한 큐비즘은 선배 화가인 세잔이 과감하게 정리해 놓은 덩어리(원통·구·원뿔)를 다시 예리한 칼로 다듬었지. 그러자 '입방체(정육면체: cube)'가 만들어졌어. 큐비즘 화가인 후안 그리스 왼쪽에서부터 차례대로 세잔, 후안 그리스, 몬드리안의 그림이야.

(Juan Gris, 1887~1927)는 다양한 각도에서 본 인물의 모습을 종합해 놓았는데, 이런 큐비즘의 원리는 세잔의 방식을 거의 모방한 것이야.

파리에서 큐비즘을 알게 된 이후 몬드리안은 추상화 과정을 시작했어. 세잔이 만들어 놓은 '덩어리'는 그의 수제자인 피카소에 의해 '입방체'로 정리되었고, 이는 다시 몬드리안의 '평면'이 되었어. 피카소도 결국 세잔에게서 힌트를 얻어 대상을 분해해 조각으로 나타내면서 큐비즘을 만들 수 있었고, 그 생각을 더욱 확고하게 이어받은 것이 몬드리안의 추상미술이야. 그래서 세잔을 현대 추상회화의 길을 연 화가라고 하는 거야.

얼핏 보면 몬드리안이 당시 유행하던 미술 사조 여기저기를 기웃거린 것 같지만, 결국 이런 오랜 실험과 모색의 과정을 통해 1917년, 드디어 자신만의 완전한 추상미술을 만들 수 있었던 거야.

또한 추상미술이라는 새로운 미술이 나올 수밖에 없었던 시대적 배경도 한몫했어. 몬드리안이 화가로서 본격적인 활동을 하기 시작하던 20세기 초반은 사진이 대중화되던 시기였어. 사물을 너무도 손쉽게 모사해 낸 능력자인 '사진' 앞에서 화가들의 손기술은 더 이상 의미가 없어졌지. 현대 화가들은 사진과의 경쟁을 택하기보다는 사진이 할 수 없는 무언가를 찾아 나섰고, 그 새로운 길 중 하나가 몬드리안이 찾아낸 추상미술이었어.

몬드리안이 제작한 〈나무〉 연작을 동시에 보면 어떤 과정을 통해 추상미술이 만들어졌는지 쉽게 이해할 수 있어. 〈붉은 나무〉에서 보다시피 비교적 초기에 제작된 작업에서는 거칠게 대충 그린 것 같아도 아직까지는

추상미술로 나아가기까지의 과정이 〈나무〉 연작에 담겨 있어.

〈붉은 나무〉

〈나무〉

〈회색 나무〉

〈사과나무 꽃〉

나무의 형상을 유지하고 있어. 하지만 〈나무〉나 〈회색 나무〉에서는 점점 나뭇가지들이 생략되고 나무 형태가 단순화되더니, 〈사과나무 꽃〉에 와서는 나무의 형태나 색채를 거의 알아볼 수 없는 추상화가 되었어.

왜 형태를 단순화했을까? 몬드리안은 이 과정을 통해서 나무의 기본 구조를 알아내고자 했어. 나무라는 형태를 단순화하자 처음에는 굵고 구불구불한 나무줄기에서 점차 간단하고 매끈한 선들만 남다가, 마지막에는 가로로 뻗어 나가는 나뭇가지와 수직으로 서 있는 나무 기둥의 '선'들만 남았어. 사실적인 나무가 점차 거미줄 같은 선들의 구성으로 변해 간 과정을 확인할 수 있지.

몬드리안은 평생 동안 삶과 작품에서 올바른 길로부터의 이탈을 조금도 허용하지 않았어. 그의 작품의 정신은 한마디로 '단순함과 정직함'으로 정의할 수 있어.

몬드리안의 〈색체구성 A〉야.

여기서 마지막 작품의 구불구불한 선들을 좀 더 깔끔하게 다듬으면 수평선과 수직선이 돼. 이 과정을 모든 대상에게 적용해 본다면 결국에는 사람도, 집도, 가구도, 꽃도 모두 수직과 수평선으로 단순화(추상화)되겠지. 이제 몬드리안은 선으로 이 세상의 모든 것들을 표현할 수 있게 된 거야. 이 수평선과 수직선을 구성에 따라 배치한 것이 〈색채구성 A〉 같은 우리가 흔히 보는 몬드리안의 추상 그림이야.

몬드리안은 모든 대상의 내면에는 본질이 있는데, 그 본질들은 풍경이나 정물, 집, 인물처럼 외양은 각기 달라도 조화 상태에 있다고 생각했어. 그래서 예술가의 임무는 사물의 외양에 숨겨진 본질의 조화로움을 그림 속에서 드러내는 것이라고 주장했지. 몬드리안에게 추상미술이란 '질서와 조화와 균형의 미'였어.

그런데 재미있는 것은 몬드리안이 추구한 추상미술의 질서미가 이미 고대부터 시작되었다는 사실이야. 그리스 시대의 수많은 건축물과 조각들은 '황금비*'에 따라 만들어졌어. 르네상스 미술가들 역시 치밀한 수학적 계산을 바탕으로 명작을 탄생시켰고, 아름다움의 기준을 '조화와 균형과 절제의 미'에 두었어.

*황금비
한 선분을 두 부분으로 나눌 때, 전체에 대한 큰 부분의 비와 큰 부분에 대한 작은 부분의 비가 같게 한 비. 1.618 대 1.

파르테논 신전의 안정된 비례미와 장중함은 고전 시대 그리스 미술의 정신을 대변하고 있어.

고대 그리스의 최고 건축물인 파르테논 신전은 아테나 여신에게 봉헌된 신전이야. 설계자 익티노스(Iktinos, B.C. 447~B.C. 438년경)는 기둥 가운데를 불룩하게 만들어 멀리서 보았을 때 기둥이 곧아 보이게 만들었어. 수학적 비례와 착시 현상을 활용한 그리스 신전의 걸작인데, 신전의 윤곽은 완벽한 황금비의 사각형이고 건물 곳곳에 황금비가 적용되었어.

조각상 〈밀로스 섬에서 발견된 아프로디테〉 역시 고대 그리스 예술의 아름다움이 가장 잘 표현된 작품이야. 이 조각상은 완벽한 균형을 가진 팔등신의 몸매 덕분에 미의 전형으로 알려져 있어. 키가 머리 길이의 여덟 배를 이루는 몸을 말하는 팔등신은 황금 비율이 적용된 대표적인 예야. 그리스인들은 미의 기준을 조화로운 비례에서 찾았어. 수학적인 비례와 조화, 그리고 균형에 근거한 이상적인 아름다움을 최고로 간주했어. 황금비의 법칙은 오늘날에도 광범위하게 쓰이고 있어. 우리가 흔히 쓰는 신용카드와 TV 모니터, 명함이나 A4용지의 가로와 세로 비율도 황금비를 적용한 것들이야.

아프로디테는 올림포스 12신 중 하나로 미와 사랑의 여신이야.

이탈리아의 건축가 브루넬레스키는 공간의 깊이를 표현하는 원근법을 발견했어.

고대 그리스의 유산은 르네상스를 자극하고 고전주의를 부활시켰어. 파치 예배당은 피렌체의 명문, 파치 가문을 위해 지은 예배당인데, 르네상스 건축의 아버지 필리포 브루넬레스키(Filippo Brunelleschi, 1377~1446)는 이 예배당에 비례와 균형을 중시하는 르네상스의 이상미를 조화롭게 반영했어. 그래서 우아하고 차분하면서 절제된 르네상스 건축의 특징이 잘 드러나 있지.

극도로 절제된 몬드리안의 작품 세계는 수학적 비례미를 보여 주고 있어.

그러고 보면 몬드리안이 추구한 추상미술의 목표는 전혀 새로운 것이라기보다는 고전부터 이어져 온 절대적인 아름다움의 현대적인 표현이라고 할 수 있어. 즉 '조화와 질서의 아름다움'을 추구한 거야.

〈구성〉은 몬드리안이 완전한 추상회화에 이른 1920년대 대표작이야. 이 그림에서 몬드리안이 보여 주고자 한 것은 무질서한 이 세상을 질서 있게 만드는 것이었어. 몬드리안의 생각을 쉬운 예를 들어 설명해 볼게. 여기서 우리 한번 각자의 서랍 안을 들여다볼까? 어때, 솔직히 지저분하고 정신없지? 갑자기 빨간색 볼펜이 필요한데, 막상 찾으려면 서랍 안을 다 뒤져서 꺼내야 하지 않니? 만약 여기에 서랍 정리대를 활용해서 정리

두스뷔르흐는 사선과 색면을 사용해서 정적인 화면에 활기찬 리듬감을 살리고자 했어.

하면 어떻게 될까? 몬드리안 그림 같은 칸막이 서랍 정리대를 이용해 보는 거야. 왼쪽 가운데 흰 칸에는 연필을, 그 위 칸에는 색연필을, 맨 아래 칸에는 지우개, 오른쪽 넓은 칸에는 공책, 아래쪽에는 메모지, 그 옆에는 클립 같은 잡동사니를 정리하는 거야. 이렇게 하면 아마도 엄마한테 칭찬받겠지? 보기도 좋고 물건 찾기도 쉽고, 얼마나 좋아. '질서의 미'란 이런 것이야. 이것이 몬드리안의 '신조형주의'야. '신조형'이란 기하학적 추상미술을 말해.

몬드리안은 '그림이란 비례와 균형의 아름다움'이라는 자신의 확고한

철학을 추상 작품으로 보여 주었어. 특히 몬드리안이 즐겨 사용한 수직선은 숲의 나무들에서, 수평선은 바다의 수평선에서 찾았어. 수직선은 '남성성'을, 수평선은 '여성성'을 의미한다고 설명하고 있는데, 몬드리안에게 수직선은 '생기'를, 수평선은 '평온함'을 나타내는 것이었어. 몬드리안은 이 대립되는 두 선들이 서로 직각으로 교차하면서 조화를 이루면 완벽한 아름다움에 도달할 수 있다고 믿었어. 그래서 수직과 수평의 교차선으로 화면의 질서와 균형을 만들고자 했던 거야. 몬드리안이 추상미술을 통해 추구했던 완벽한 질서미는 세상의 불균형을 평등하게 만들고자 한 화가의 염원이었어.

그러므로 사선과 곡선은 몬드리안에게 용납될 수 없었어. 절친이자 예술적 동지인 두스뷔르흐가 사선을 도입했다는 이유만으로 절교한 것은 강직한 몬드리안으로서는 당연한 일이었던 거지. 이 일로 몬드리안은 데스틸과 자연스럽게 멀어지게 되었는데, 제2차 세계대전을 피해 런던을 거쳐 뉴욕에 도착할 때까지 크게 변화하지 않고 자신의 예술적 원칙과 신념을 지켜 나갔어.

몬드리안에게 수직선과 수평선은 절대적인 것이었어. 어려운 말 같지만, 한마디로 정리하면 '가장 기본적인 것이 가장 아름답다'라는 뜻이야. 몬드리안은 질서가 아름다움을 가져다준다고 확고하게 믿었어. 몬드리안이 추구했던 질서미는 자연에서도 쉽게 볼 수 있어. 무질서한 것 같아도 자연 안에 일정한 질서가 있다는 사실을 알 수 있거든. 소라껍데기나 조개껍데기의 각 줄 간의 비율, 혹은 식물들의 잎차례*, 심지어 은하수의 형태에서도 황금비의 법칙을 발견할 수 있지.

*잎차례
잎이 줄기에 배열되어 붙어 있는 모양.

황금 비율은 서양 건축물이나 조각에만 있는 줄 알았는데 조선 시대 이층장에도 있다니 놀랍지 않니?

실험에 의하면 문화권·인종·성별·연령에 관계없이 대개의 사람들은 황금 비율을 내재한 직사각형을 선호한다고 해. 그래서일까? 조선 시대 장식장의 가로세로 비율이나 이층장에 있는 문에서도 황금 비율을 엿볼 수 있어. 그렇다면 황금 비율은 인류 보편적인 미감에 근거한다고 할 수 있지 않을까? 결국 몬드리안은 기하학적 추상미술을 통해 혼란한 인간의 세상에 질서의 회복을 찾고자 한 거야.

'기본으로 돌아가자. 세상의 조화로움을 이루는 것이 상생의 원리라고!'

미술놀이

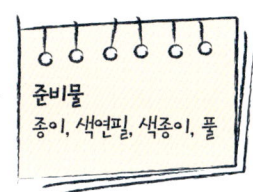

준비물
종이, 색연필, 색종이, 풀

연작으로 추상화 익히기

몬드리안이 처음부터 추상화를 그린 것은 아니야. 몬드리안도 초기에는 구체적인 형태를 그림으로 그렸어. 몬드리안의 〈나무〉 연작을 보면 추상미술이 어떤 과정을 거쳐서 만들어졌는지 이해할 수 있을 거야. 〈붉은 나무〉에서는 나무의 형상을 유지하고 있어. 하지만 점점 나뭇가지들이 생략되고 나무 형태가 단순화되는 것을 볼 수 있지. 〈회색 나무〉에서 몬드리안은 사과나무 밭의 무성한 잎과 안개 낀 회색의 대기를 전달하고자 했어. 이 작품은 분명 선적인 구조를 지녔으나 분위기는 실제 과수원의 풍경과 향기를 불러일으키지. 〈사과나무 꽃〉에서 색은 보다 투명해지고 나무의 배치는 부차적인 것이 되었어. 이 작품의 구성은 나무의 꽃에서 열매를 맺듯 중심에서부터 전개되는 것처럼 보이지. 몬드리안은 〈사과나무 꽃〉을 그리기 위해 여러 장소 중에서 건물이 빽빽이 들어찬 도시 파리를 선택했어. 추상적인 검은 선들은 외부 세계가 화면에 수렴되는 은유로서 자연과 풍경을 묘사한 작가의 의도를 보여 줘. 이처럼 〈나무〉 연작은 나중에는 나무의 형태나 색채를 거의 알아볼 수 없는 추상화가 되었지.

우리도 몬드리안처럼 한 가지 사물을 놓고 연작을 해 보자.

〈붉은 나무〉 〈회색 나무〉 〈사과나무 꽃〉

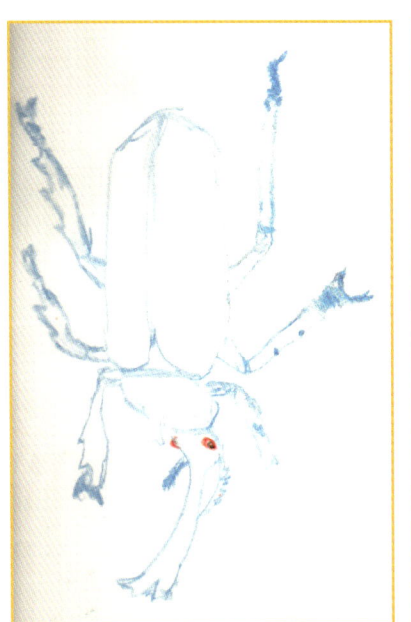

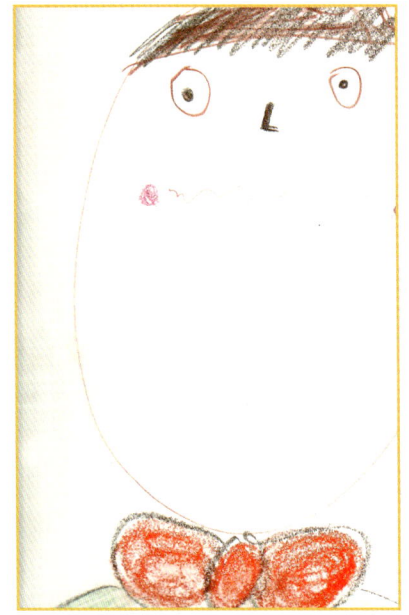

단순할수록 **아름답다**

3

■ 수록 작품

피에트 몬드리안 〈구성 B〉 1920년, 캔버스에 유화, 67x57.5cm, 루트비히스하펜암라인 빌헬름-하크미술관 (47쪽)
피에트 몬드리안 〈방파제와 바다〉 1914년, 종이에 목탄과 수채화, 87.9x111.2cm, 뉴욕 현대미술관 (49쪽)
피에트 몬드리안 〈검정, 파랑의 구성〉 1926년, 캔버스에 유화, 대각선 길이 84.5cm, 펜실베니아 필라델피아미술관 (51쪽, 위)
피에트 몬드리안 〈검정, 흰색의 구성(페인팅 I)〉 1926년, 캔버스에 유화, 113.7x111.8cm, 뉴욕 현대미술관 (51쪽, 가운데)
피에트 몬드리안 〈파랑, 노랑의 구성(구성 I)〉 1925년, 캔버스에 유화, 대각선 길이 112cm, 취리히 취리히미술관 (51쪽, 아래)
전기 〈계산포무도(溪山苞茂圖)〉 1849년, 종이에 수묵화, 24.5x41cm, 서울 국립중앙박물관 (53쪽)
김정희 〈불이선란(不二禪蘭)〉 19세기 중엽, 종이에 수묵화, 55.0×31.1cm, 개인 소장 (55쪽)
클로드 모네 〈수련 연못〉 1899년, 캔버스에 유화, 90x92cm, 파리 오르세미술관 (56쪽)
피에트 몬드리안 〈빨강, 파랑, 검정, 노랑, 녹색의 구성(구성 C)〉 1920년, 캔버스에 유화, 80x80cm, 뉴욕 현대미술관 (57쪽)
존 컨스터블 〈주교의 정원에서 본 솔즈베리의 대성당〉 1823년, 캔버스에 유화, 111.8x87.6cm, 런던 빅토리아앨버트박물관 (59쪽)
피에트 몬드리안 〈노랑, 파랑, 빨강의 구성〉 1937~1942년, 캔버스에 유화, 72.5x69cm, 런던 테이트갤러리 (62쪽, 왼쪽)
피에트 몬드리안 〈선과 색의 구성: III〉 1937년, 캔버스에 유화, 80x77cm, 헤이그 시립미술관 (62쪽, 오른쪽)
피에트 몬드리안, 미셸 쇠포르의 연극 〈덧없음은 영원하다〉를 위한 무대 모형, 1926년(재구성 1964년), 나무에 판지,
        53.5x76.5x26.5cm, 에인트호벤 반아베 시립미술관 (66쪽, 왼쪽 위)
피에트 몬드리안 〈바닥·침대·테이블이 있는 투영도〉 1926년, 플라우엔의 이다 비네르트 도서관을 위한 디자인, 종이에 연필과 구아슈,
        37.3x56.5cm, 드레스덴 국립미술관 (66쪽, 오른쪽 위)
피에트 몬드리안 〈천장·책장·캐비닛이 있는 투영도〉 1926년, 플라우엔의 이다 비네르트 도서관을 위한 디자인, 종이에 연필과 구아슈,
        37.6x56cm, 드레스덴 국립미술관 (66쪽, 아래)

몬드리안은 직사각형의 캔버스를 검은색의 선으로 분할하고, 그렇게 나뉜 면들에 빨강, 파랑, 노랑, 검정, 회색으로 고르게 칠하여 사각형들을 구성하였어.

　몬드리안이 **추상미술을 만들어 가는 과정**에서 가장 큰 영향을 준 건 세잔과 큐비즘이었어. 2장에서 세잔이 만들어 놓은 '덩어리'는 그의 수제자인 피카소에 의해 '입방체'로 정리되었는데, 몬드리안은 여기서 한 단계 더 밀고 나가 완진힌 '평면'을 만들었다고 한 말, 생각나지? 그 면을 더 단순화하면 '선'이 될 것이고, 마지막엔 '점'이 남게 되겠지. 몬드리안은 우리가 사는 세상을 단순화해 바라보면 점·선·면으로 이루어져

있다고 보았어. 그러므로 가장 기본적인 조형 요소만으로 사물의 본질을 드러낼 수 있다고 생각했지. 이것이 바로 현대의 기하학적 추상미술의 원리란다.

몬드리안은 1917년 자신이 만든 기하학적 추상미술을 신조형주의로 이름 짓고, 1920년에는 자신이 직접 쓴 책 『신조형주의(le Neo-Plasticisme)』를 출간했어.

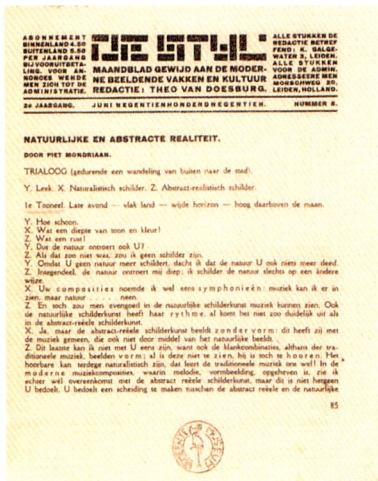

《데 스틸》 2권 8호와 1920년 파리에서 출간된 『신조형주의』 표지야.

데 스틸 운동은 몬드리안의 신조형주의 이론을 미술·조각·건축·디자인 등 예술 전반과 일상생활에까지 전파하는 역할을 했어. 데 스틸은 모든 공간을 평면으로 생각하여 직선과 직각, 삼원색과 무채색만 기본적인 요소로 한정한다는 원칙의 조형 운동이라 한 것 기억하지? 몬드리안이 주도한 추상미술의 원리를 정리하면 이런 거야.

'구도는 곡선이나 사선을 피하고, 수평선과 수직선만을 사용하며, 색채는 청, 적, 황의 삼원색과 백, 흑, 회색에 한정하여 정밀한 비례미로 화면을 구성한다.'

몬드리안 작품 세계는 수학적 엄격함에 기초를 두고 있어. 몬드리안이 수직선과 수평선만을 고집한 데에는 사물의 겉모습 뒤에 숨어 있는, 눈에 보이지 않지만 변하지 않는 본질을 표현하고자 함이었어. 수직·수평선과 원색은 몬드리안이 추구한 철학을 그대로 대변하고 있어. 균등(평등)하며 맑고 선명한 구조이기 때문이야.

"나는 플러스(+)와 마이너스(-)로 바다를 본다."

〈방파제와 바다〉를 볼까? 제목을 보기 전에는 도대체 뭘 그렸는지 상상이 안 되지? 여기서 화면에 고르게 퍼져 있는 선들은 파도의 일렁임을 표현한 거야. 화면 위로 갈수록 더 촘촘해지는 그물 모양을 이룬 '+' '-'

〈방파제와 바다〉 연작은 몬드리안이 처음으로 추상회화에 근접한 작품이야.

선들은 어렴풋이 수평선을 암시한 것이고, 아래쪽의 수직선들은 방파제를 연상시키고 있어. 몬드리안이 방파제에서 바라본 바다와 파도, 그 일렁임의 아름다움에서 찾아낸 것이 바로 플러스와 마이너스였어. 몬드리안은 눈에 보이지 않는 자연의 본질을 플러스와 마이너스를 가지고 자유롭게 구성하여 바다를 표현하였어. 몬드리안이 찾아낸 자연의 본질에는 비율과 균형이 있었던 거야.

몬드리안은 눈에 보이는 대상 속에 숨어 있는 균형과 조화를 추상미술로 드러낸 '철학자'라고 할 수 있어. 자연주의 화가로 출발한 몬드리안이 질서와 비율, 그리고 균형의 미를 중심으로 한 추상의 세계에 푹 빠지게 된 배경에는 신지학(神智學, Theosophy)의 영향이 결정적이었어.

신지학이란 보통의 신앙으로는 알 수 없는 신의 심오한 본질에 관한 지식을 신비한 체험이나 특별한 계시로 알아 가고자 하는 종교철학인데, 사실 종교라기보다는 신들의 지혜를 배우는 학문이야. 예를 들어, '나는 누구인가?' '신은 존재하는가?' '사후 세계는 존재하는가?' '우리는 어디서 와서 어디로 가는가?' 등 본질적인 의문에 대한 해답을 찾도록 도와주는 것이 바로 신지학이야. 당시 비인간적인 서구의 물질문명에 식상해하던 유럽의 지식인들 사이에서 신지학에 대한 열풍이 일었

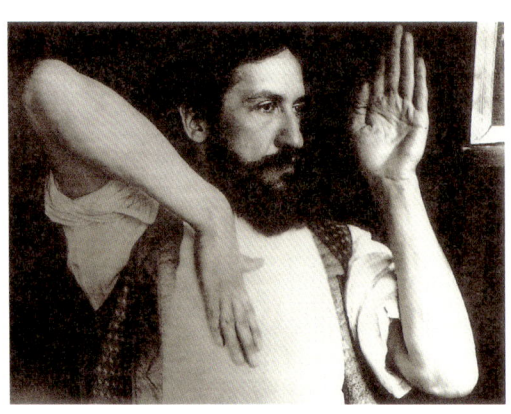

명상 중인 몬드리안이야. 몬드리안은 20대 초반에 신지학을 접했고, 30대 중반인 1909년 5월, 신지학 협회에 가입해.

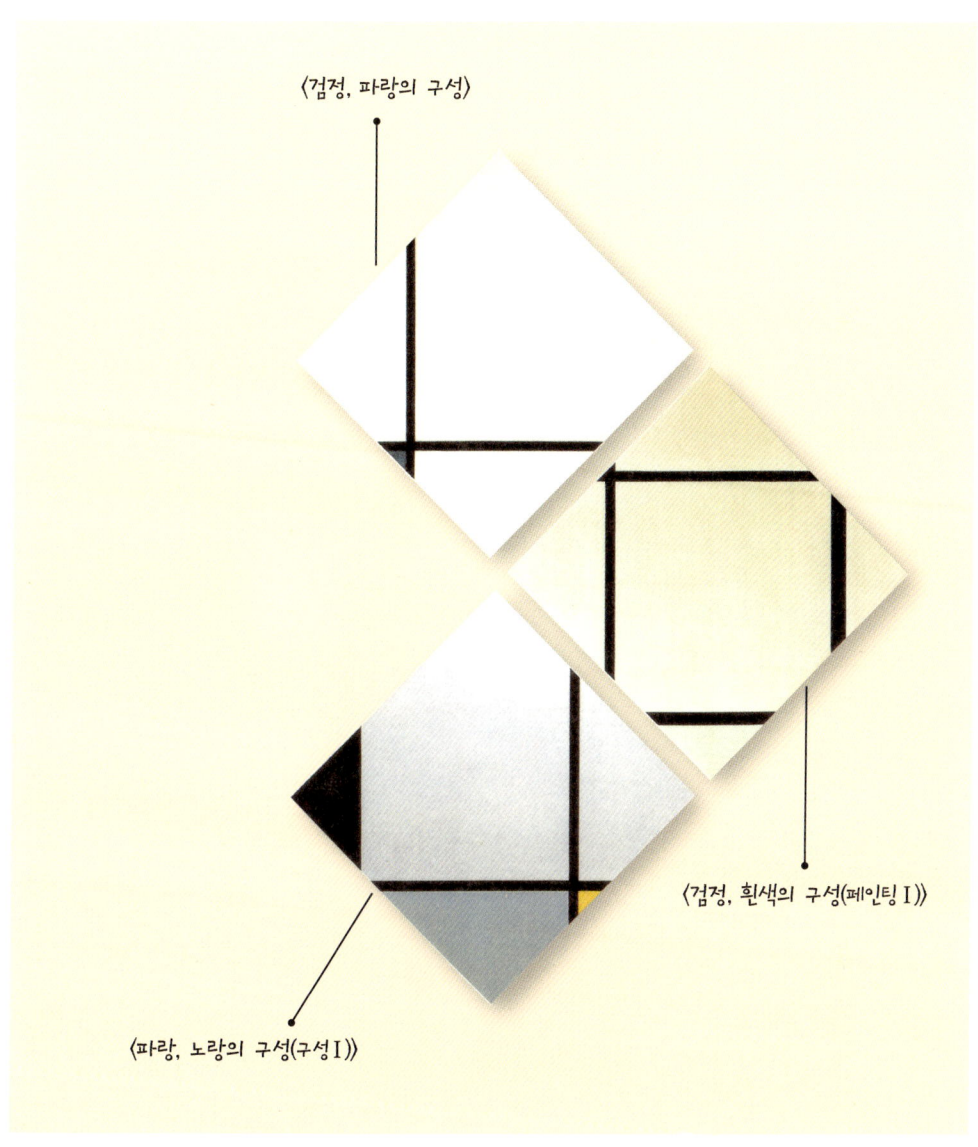

〈검정, 파랑의 구성〉

〈검정, 흰색의 구성(페인팅Ⅰ)〉

〈파랑, 노랑의 구성(구성Ⅰ)〉

1920년대 몬드리안은 다이아몬드 형의 캔버스를 시도하기도 했어. 마름모 형태의 캔버스를 분할하니 사각형 화면에는 없었던 삼각형과 다양한 사다리꼴 모양의 다른 형태들이 만들어지면서 재밌는 구성이 만들어졌지.

어. 과학이 최첨단으로 발달한 20세기 초에 오히려 인간 존재에 대한 근원적인 질문을 했던 거지. 그리고 인간의 지식을 초월한 직관으로 본질을 인식하는 학문인 신지학으로 그 해답을 풀어 보려고 했어. 사실 이런 의문은 오늘을 사는 현대인들에게도 여전히 답을 찾을 수 없는 딜레마이기도 해.

간단히 설명하면, 세상의 본질은 궁극적으로 조화로운 상태를 이루고 있다는 것이 신지학의 철학이야. 몬드리안은 세상의 조화로움을 수직선과 수평선의 구성에서 보이는 질서와 비율과 균형의 아름다움으로 생각했어. 신지학의 신비적 우주 개념은 몬드리안이 추구한 추상미술의 정신적 배경이 되었던 거야. 또 한편으로는 신지학 이론을 받아들임으로써 성장기에 강요된 아버지의 엄격하고 금욕적인 청교도주의에서 의도적으로 벗어나려고 했던 이유도 있었어.

추상미술과 동양미술은 통한다? 신지학은 정신과 물질의 합일을 추구하였고, 몬드리안이 이를 추상미술로 표현했어. 이런 생각은 자연의 질서를 표현하려고 한 동양이 지닌 사상과 일맥상통하고 있어. 이를 자연합일(自然合一)이라고 해. '자연의 조화'에 따라 살려는 동양철학을 좀 더 상세히 설명하면 이런 거야.

'자연의 공간에서 사는 생명과 인간은 적대적인 관계가 아니라 더불어 살아가는 존재이다. 인간도 자연 속 생명체의 일부에 지나지 않기 때문이

다. 만물이 조화를 이루는 것이야말로 우주의 본래 상태이자, 조화로운 모습이다.'

이를 바탕으로 옛 선인들은 산수 자연의 이치를 거스르지 않고 조화를 이루며 살거나 자연에 순응하며 삶을 가꾸고자 했고 그런 생각을 그림으로 남겼어.

〈계산포무도〉는 조선 말기의 천재 화가 전기(1825~1854)가 스물네 살 때 그린 문인화*인데, 격조 높은 문인화풍을 보여 주는 산수도야. 두 그루의 나무를 중심으로 왼쪽에 정자와 대나무 숲을 그리고 오른쪽에는 멀리 보이는 강과 산을 대담한 붓질과 생략적인 구도로 그렸어.

문인화는 대부분 먹을 사용하여 간략하게 그린 후에 엷은 채색을 하는 기법을 사용하며, 사물의 외형을 꼼꼼하게 그리기보다는 마음속의 사

*문인화(文人畵)
전문 화가가 아닌 시인, 학자 등의 사대부 계층 사람들이 취미로 그린 그림.

추사 김정희의 문하에서 그림을 배웠던 전기는 아주 뛰어난 문인화가였지만, 아쉽게도 서른 살에 일찍 세상을 떠났어.

상을 표현하는 데에 치중하는 경향이 강해.

　동양미술에서 가장 중요하게 생각한 것은 사물을 형상 그대로 정밀하게 그리는 것이 아니었어. 그보다는 화가의 정신과 인격, 그리고 그리는 대상의 본질을 담아서 전달할 수 있어야 훌륭한 그림이라고 생각했어. 현실을 있는 그대로 복사해 내듯 그리는 것은 유치하다고 여겼지. 조선 후기 시인이자 문인 화가인 전기는 쓸쓸한 강변 풍경을 거칠고 간결한 붓질로 일필휘지*해서 그려 냈어. 조선 시대의 산수화는 똑같이 그리는 기술보다는 산수에서 느껴지는 정신을 형상화하는 데에 의미를 두었어. 여기에 담고자 한 것은 풍진세상*에 맞서는 화가의 서릿발 같은 기개를 느끼고 교감하는 것이었지. 즉, 눈에 보이는 세계가 아니라 눈에 보이지 않는 세계를 담고자 했던 거야. 문인화에서는 이렇게 추상성이 강조되었어.

　조선 말기의 문신이자 실학자이자 서화가였던 추사 김정희(1786~1856)가 그린 〈불이선란〉을 볼까? 사군자*는 생태적 특성이 고결한 군자의 인품을 닮았다고 해서 문인 사대부들이 즐겨 그렸어. 〈불이선란〉은 난초의 모양이나 형상을 그대로 그린 것이 아니라, 그 안에 깃들어 있는 정신을 그렸어. 난초가 깊은 산골짜기에서 홀로 은은한 향기를 퍼뜨리고 있는 자연의 조화로움과 그 원리를 생각해서 그린 거지. 여기서 '불이선'은 '차별적인 것을 모두 초월하여 평등한 진리'를 나타내는 유마거사*의 가르침이야. 세찬 바람에 난 잎들이 휘어지고 쓰러져도 꼿꼿이 맞서서 한 송이 난 꽃을 피운 선비의 '마음의 뜻'을 표현한 예술인 셈이지. 문인 화가들은 추상적인 구도와 모든 색을 함유하고 있다는 수묵의 붓질로 자연의 이치를 진솔하게 그린 그림을 높게 여겼어.

*일필휘지(一筆揮之)
붓을 한번 휘둘러 글씨나 그림을 단숨에 완성함.

*풍진세상
편안하지 못하고 어지러운 세상.

*사군자(四君子)
매화·난초·국화·대나무를 이르는 말.

*유마거사
불교 경전 『유마힐소설경』(일명 『유마경』)의 주인공으로 불교에 입문하지 않았지만 부처님의 제자들보다 지혜로웠던 현자.

사군자 중 난초를 소재로 하여
그린 수묵화 〈불이선란〉이야.

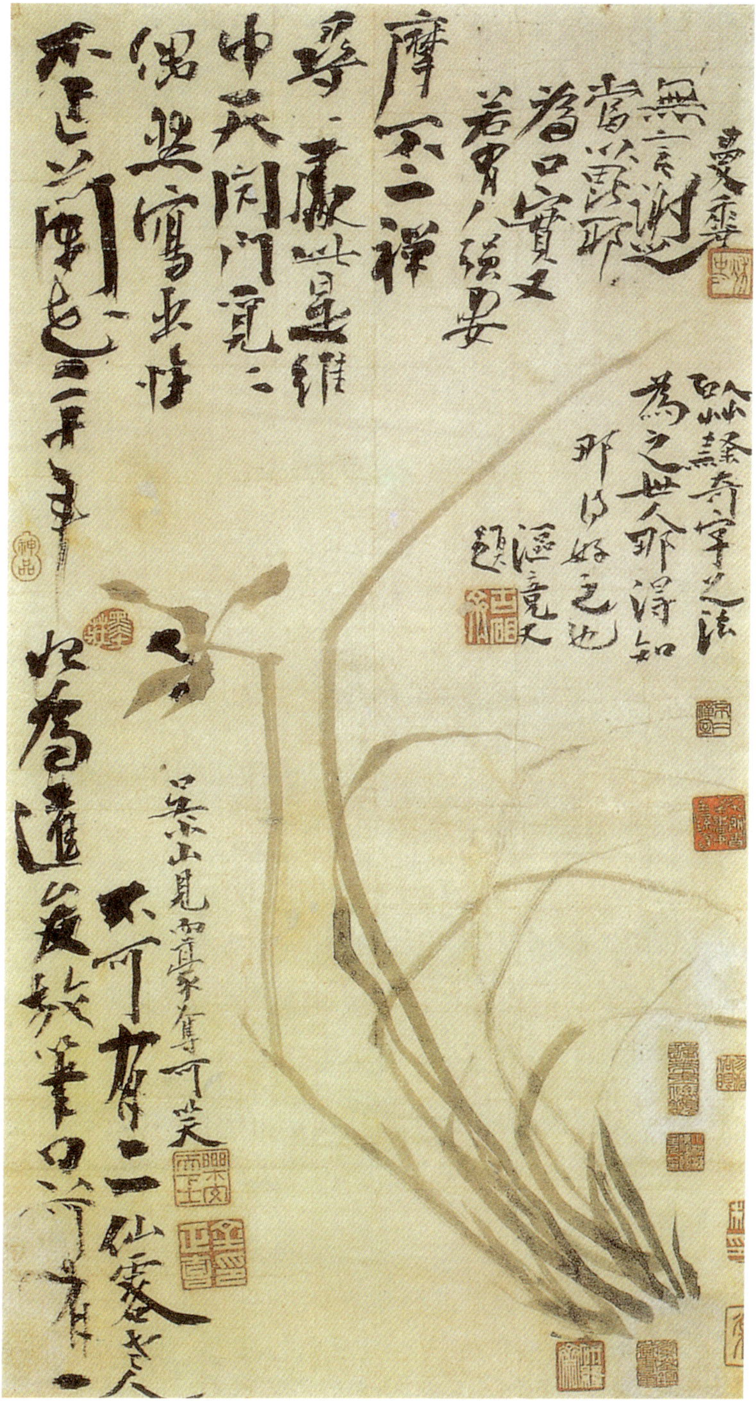

모네는 지베르니에 집을 짓고 정원을 조성하여 일본식 다리를 놓았는데, 죽는 날까지 그 정원의 풍경을 화폭에 담는 일을 하면서 살았어.

　서양미술에서도 19세기 중엽 인상파 화가들이 자연의 겉모습을 그대로 재현하는 사실주의적 사고에 벗어나서 자연 내부에 어떤 힘이 꿈틀거린다는 것을 감지하는 인상을 중시하게 되었어. 인상파의 대표 화가 모네(Claude Monet, 1840~1926)는 〈수련 연못〉에서 대기의 느낌이나 자연에서 나타나는 빛의 변화를 담았어. 모네는 동양, 특히 일본의 문화에서 많은 영향을 받았는데, 자연과의 조화를 강조하는 일본의 사상을 높이 샀고 그것을 배우고자 했어. 모네는 〈수련 연못〉에서 하늘과 앞쪽의 기슭

을 생략하고, 다리 뒤편에 있는 나무와 식물들로 가득 채웠어. 전통적인 사실주의 묘사와는 다른 관점에서 표현했다는 점에서 후에 추상미술의 등장을 예고한다고 볼 수 있어. 이렇게 근대 이후 서양 미술가들도 자연의 외형에서 내면, 즉 '본성'으로 관심을 두게 되었고, 그것이 몬드리안의 추상미술로까지 이어진 거야.

몬드리안은 신조형주의에서 수평은 여성스럽고 편안한 휴식을, 수직은 남성적이고 역동적인 의지를 뜻한다고 주장했어. 그리고 이 반대되는 성향의 두 선들이 서로 직각으로 교차하면 조화로움을 이루게 된다고 말했지. 이렇게 명백하고 엄격한 비율과 균형미로 분할하여 구성한 것이 몬드리안의 추상미술이야. 세상의 질서가 두 개의 서로 다른 근본 원리로

몬드리안은 선과 면으로 세상을 담았어.

이루어져 있다는 몬드리안의 생각은 동양의 음양설과 놀랄 만큼 유사하지 않니?

데 스틸 운동과 제1차 세계대전에 관해서도 살펴볼까? 이들 관계는 특히 몬드리안 작품을 보면 더 분명하게 드러나지. 〈빨강, 파랑, 검정, 노랑, 녹색의 구성(구성 C)〉처럼 우리에게 익숙한 몬드리안의 추상 작품은 몬드리안의 나이 마흔을 넘어 나타났어. 그런데 추상미술의 시작 배경에는 몬드리안이 자연을 무척이나 싫어했던 성향이 한몫했단다. 몬드리안은 창밖의 나무가 보기 싫다고 창을 등지고 앉을 정도였다고 해. 도대체 몬드리안은 아름다운 자연의 모습을 왜 싫어했을까? 그동안 수많은 화가들이 자연의 아름다움을 그려 왔는데 말이야.

존 컨스터블(John Constable, 1776~1837)은 19세기 영국의 위대한 풍경화가 중 한 사람이야. 〈주교의 정원에서 본 솔즈베리의 대성당〉을 보면, 멀리 장엄한 대성당이 햇빛을 받아 밝게 빛나고, 잎이 무성한 키 큰 나무들 그늘 아래에서는 소가 한가로이 풀을 뜯고 있어. 높고 좁은 창, 수많은 첨탑들과 높이가 다른 벽면 등 대성당의 각 부분은 다양하지만 질서가 있고 규칙적이야. 반면에 풀과 나무 등 자연은 규칙에 묶이지 않고 자유롭고 유연한 모습이야. 컨스터블의 풍경화에는 '인간이 창조한 성당'과 '신이 창조한 자연'이 아주 평화롭게 묘사되어 있어.

하지만 몬드리안은 자연의 모습에 매우 부정적이었어. 자연은 '변덕스럽고 무질서하다'는 것이 그 이유였어. 몬드리안은 자연을 덧없고 혼란스

화가들은 오래전부터 자연을 보고 감탄하며 많은 풍경화를 그려 왔어.

러운 것으로 생각한 반면, 인간의 문명은 질서를 갖추고 잘 정리된 것으로 여겼지. 몬드리안은 자연의 자연스러운 모습을 버리고 도시 문명의 질서 정연함을 상징하는 신조형주의를 만들었어. 몬드리안이 주도한 데 스틸이 의미했던 '양식'이란 모든 사람들이 보편적으로 아름답다고 느끼는 기능미를 가리키는 것이야. 몬드리안에게 곡선이 용납될 수 없었던 이유는 곡선이란 지극히 주관적이며, 그로 인해 질서미를 해치기 때문이야.

그런데 몬드리안이 왜 그토록 질서에 집착했는지 궁금하지 않니? 데스틸 운동은 제1차 세계대전으로 인한 혼란 때문에 질서가 무엇보다 중

1914년 6월 28일 오스트리아의 프란츠 페르디난트(Franz Ferdinand, 1863~1914) 황태자의 암살로 유발된 제1차 세계대전은 900만 명 이상의 생명을 앗아 가는 참상을 빚었어.

시되는 상황에서 탄생했어. 제1차 세계대전은 잠수함, 탱크, 비행기 등 강력한 대량 학살용 무기가 쓰인 인류 최초의 전쟁이기도 했는데, 엄청난 인명 피해와 돌이킬 수 없는 환경 파괴의 도화선이 되었어. 처음 겪는 세계대전에 현대인들의 상실감도 상상을 초월했지.

제1차 세계대전이라는 학살 앞에서 몬드리안 같은 젊은 예술가들은 격분했어. 특히 물질만능주의가 판을 치는 혼탁한 세상을 견딜 수 없었던 몬드리안은 미술로 세상을 구원하고자 했어. 그리고 자신의 예술이 인류가 앞으로 나아갈 길을 밝히는 등대 역할을 하길 원했단다. 몬드리안은 선과 면의 비례를 이용하여 기하학적이고 절제된 그림을 그렸고, 이를 통해 뒤죽박죽 어지러운 세상을 질서 있게 만들고 싶었어. 몬드리안의 작품에서 보이는 엄격한 청교도적 분위기는 인류의 복지라는 윤리적인 목적을 추구하고 있어.

　타락한 세상을 다시 깨끗하게 정화하려면 무엇이 가장 중요할까? 무엇보다도 사회 질서와 도덕, 윤리 강령 등을 다시 세워야겠지. 독실한 프로테스탄트였던 몬드리안은 도시의 황폐화와 계층 간의 갈등, 공해, 인간성 상실 등의 비극이 없는 이상적인 세계를 추상미술 안에서 실현하고자 했어. 몬드리안에게 추상미술이란 순수하고 도덕적인 이상적인 세계였어. 왜냐하면 엄격한 질서와 비율과 균형의 미가 실현되면서 빈부 격차나 계급적 불평등의 비극도 없기 때문이야.

　몬드리안은 추상 작품의 조화와 절제의 가치가 인류의 비극을 치유할 수 있다고 믿었어. 이런 균형 상태를 유지하기 위해서는 감정에 치우치지 않고 냉정하고 엄격해야 하겠지. 그래서 몬드리안의 신조형주의를 '차가운 추상'이라고 불러.

　네덜란드는 국민의 대다수가 프로테스탄트 칼뱅파이기에 검소하고 소박한 삶을 지향하며, 이성적이고 합리적인 것을 추구한다고 해. 또한 국토의 4분의 1은 지면이 해수면보다 낮아서 전통적으로 간척 사업을 진행해 왔기 때문에 바둑판처럼 잘 정리된 녹색 평야, 그 사이를 종횡으로 달리는 직선 운하와 수로들이 즐비한데, 이것들은 자연 본래의 곡선이 아닌 인간에 의해 만들어진 '인공의 직선'이지. 네덜란드인들은 인간의 집념과 의지로 자연의 악조건을 견디며

몬드리안이 태어난 네덜란드 국토 모습이야.
직선으로 잘 정리되어 있어.

도시 문명의 역사를 만들어 갔어. 사람들의 성격은 자라온 환경과 직결된다고 해. 하늘 아래 모든 것이 직선인 나라 네덜란드의 풍경을 보고 자란 몬드리안이 직선 구성의 화가가 된 것은 어쩌면 너무도 당연한 일인지도 몰라. 그리고 그가 주도한 데 스틸 운동 역시 거추장스러운 것을 없애고, 꼭 필요한 것만 디자인하겠다는 철학을 갖고 있어.

추상미술은 기계시대의 상징이란 말을 들어 봤니? 신조형주의는 20세기 산업사회와 대량생산 시대와 매우 밀접한 관계를 갖고 있어. 몬드리안은 자연에서 볼 수 없는 정확하고 기계적인 질서의 미를 사랑했어. 왜냐하면 그는 현대 산업사회에서 탄생한 기계의 미를 최고로 생각했

몬드리안의 추상미술은 기계문명의 시대로 접어든 20세기 초의 시대적 상황과 무관하지 않아.

거든. 몬드리안의 추상미술은 산업기계 문명의 결과물이라고 할 수 있어. 몬드리안이 활동하던 20세기 초는 기계의 시대였고, 기계의 이미지가 예술에도 그대로 반영되었지.

신조형주의는 산업 현장에서 실제로 물건을 생산할 수 있는 기계적인 미를 예술 목표로 삼았고, 기능적으로 디자인된 제품들은 공장에서 '표준화'하여 대량생산 할 수 있었어. 이런 기능주의 예술 운동은 현대 건축과 모더니즘 디자인의 탄생에 원동력이 되었지. 독일의 바우하우스는 건축과 가구를 비롯한 디자인 전반에 신조형주의의 이념을 디자인 이상으로 실험해 성공했어. 그것이 바로 '물체의 형태는 기능에 의해 결정되어야 한다'라는 기능주의적 디자인 이론이야. 신조형주의는 다양한 분야와 연계해 현대사회의 산업적 요구에 부응하고자 한 미술 운동이지. 따라서 그들에게는 생산과 예술적 창작은 구별되지 않았어.

몬드리안은 예술과 삶의 완벽한 일체를 꿈꿨어. 그래서 생활에서도 질서와 절제의 미를 추구하며 고독하고 청빈한 삶의 모습을 작업실에 그대로 남겨 놓기도 했지.

데 스틸의 목적은 인간의 삶과 환경을 둘러싸는 전체적인 것이 '스타일'에 맞아야 한다는 것이었어. 미술, 건축, 실내장식, 의상, 가구, 일상 용품 등 이런 것들이 조화를 이루면, 인간의 삶도 조화롭게 변화되고, 결국 인간의 의식도 변화시킬 수 있다고 생각했지.

몬드리안은 삶도 자신의 신조형주의 그림처럼 질서 정연하게 정리했던 화가였어. 그래서 파리에 있는 자신의 작업실의 벽과 가구들을 신조형주의 원리에 따라 배치했어. 벽은 수직과 수평선으로 장식했으며, 색은 원

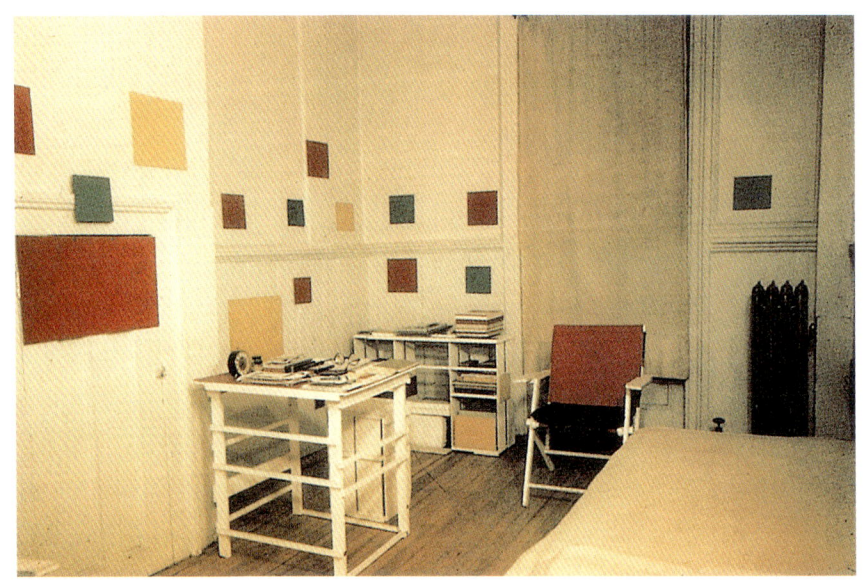

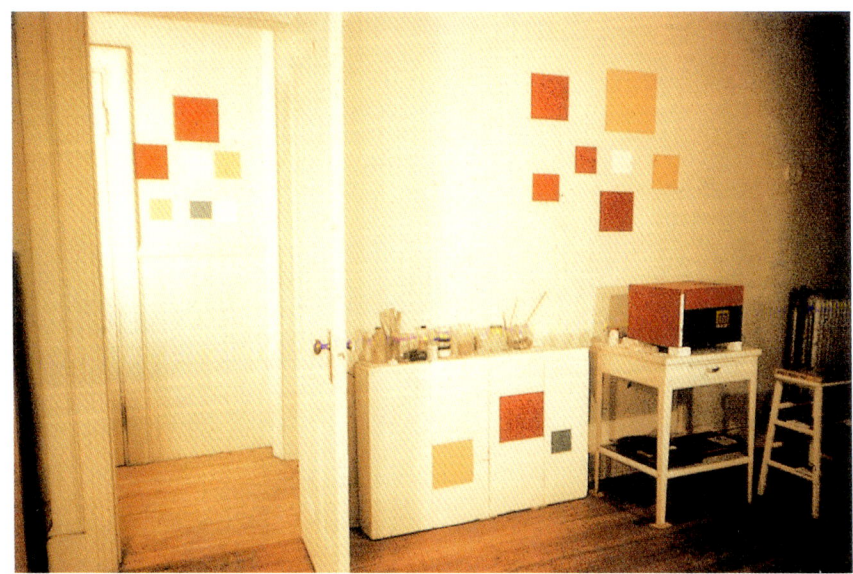

뉴욕 59번가에 있던 몬드리안의 작업실이야. 몬드리안은 가구와 실내 장식들도 흰색과 빨강, 노랑, 검은색의 직선 이미지로 꾸몄어.

색인 빨강과 노랑, 흰색, 검은색으로만 칠했어. 탁자와 식탁은 흰색으로만 칠했고, 빨간색이나 노란색 장식이 달려 있지. 심지어 이젤 위에도 벽의 장식과 어울리게 그림을 올려놓았어. 몬드리안은 파리 생활에서 깊은 고독과 철저한 자기 성찰을 거쳐 자신만의 미술과 삶의 방식을 찾을 수 있었어. 금욕주의에 결벽주의자였던 몬드리안은 평생을 독신으로 살았지.

언뜻 보면 몬드리안의 그림이 다 비슷비슷해 보이지만, 놀랍게도 그 많은 그림들 중 똑같은 것은 하나도 없어. 또 한 가지 몬드리안의 작품에 대해 오해하고 있는 점은 그가 그림을 쉽게 그렸을 거라는 선입견이야. 몬드리안은 선의 굵기와 사각형의 형태 그리고 색의 배치 등 화면의 완벽한 균형을 만들어 내기 위해 선을 여러 번 그어 보고, 고쳐 그렸대. 그래서 한 작품을 완성하는 데에 몇 달씩 걸렸다고 해.

파리 작업실의 〈노란색 선으로 된 구성〉 옆에 선 몬드리안이야.

몬드리안은 연극 무대와 도서관을 디자인하기도 했어.

　손쉽고 단순해 보이지만 막상 누구도 모방할 수 없는 독창적인 작품 세계를 이룬 몬드리안의 위대함은 미술계에만 국한된 것이 아니야. 20세기 도시와 건축, 디자인 분야에도 많은 영향을 끼쳤지. 그의 영향력은 아직도 현재진행형이야. 1965년 파리 컬렉션에서는 이브 생 로랑(Yves Saint Laurent, 1936~2008)이 몬드리안의 화면 구성을 발전시킨 '몬드리안 룩'을 발표하여 화제를 불러일으켰고, 현재까지도 그 명성이 이어져 오고 있어.
　디자인의 역할이 무척이나 강조되는 요즘 시대에 몬드리안의 신조형주의가 갖는 진정한 의미는 '단순하지만 본질에 충실한 아름다움'이라고 할 수 있어. 몬드리안은 전자 제품에서부터 의상, 액세서리 디자인, 영화, 연극 등 대중문화에 이르기까지 기능성과 실용성을 모두 갖춘 특유의 이미지로 시대의 아이콘으로 군림하고 있어. 몬드리안은 자신의 추상미술을 '고대 그리스 건축'에 견줄 만한 고전으로 만들고 싶다고 선언한 적이 있어. 21세기에도 여전한 몬드리안 열풍을 보면 자신의 바람이 이루어졌다고 하늘나라에서 흐뭇해하지 않을까?

미술놀이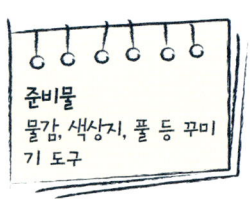

몬드리안처럼 꾸며 보기

몬드리안은 예술과 삶의 완벽한 하나를 꿈꿨어. 그래서 작업실에도 질서와 절제의 미를 추구하며 디자인했지. 데 스틸의 목적이 인간의 삶과 환경을 둘러싸는 전체적인 것이 '스타일'에 맞아야 한다는 것이었기 때문이야. 미술, 건축, 장식, 가구 등이 조화를 이루면, 인간의 삶도 조화롭게 변화되고, 결국 인간의 의식도 변화시킬 수 있다고 생각했지.

1920년대 초에 몬드리안은 자신의 작업실을 점차 데 스틸의 양식에 맞추어 개조했어. 벽을 칠해 색면으로 장식하고 자신의 작품들을 걸어 두었지. 그의 작품들은 색의 연속에 흡수되면서 밝은 색채로 구성된 전체 패턴의 한 부분처럼 보였어.

몬드리안은 단순한 가구 몇 점과 오래된 난로를 제외한 모든 사물들을 색칠하거나 직접 만들었어. 흰색으로 칠한 이젤은 작품을 전시하는 데에만 쓰였다고 해. 몬드리안은 그의 작업실을 장식적인 효과를 염두에 두고 굉장히 신경 써 배치했거든.

그럼, 우리도 몬드리안처럼 공간을 꾸며 보는 연습을 해 볼까? 방에 붙이고 싶은 그림을 그려 보거나 방을 꾸밀 소품을 직접 만들어 보자.

브로드웨이 부기우기  4

■ 수록 작품
피에트 몬드리안 〈뉴욕 II〉 1942년, 캔버스에 유화와 색칠한 종이띠, 119x115cm, 뒤셀도르프 노르트라인-베스트팔렌미술관 (73쪽, 왼쪽)
피에트 몬드리안 〈뉴욕 III〉 1942년, 캔버스에 유화와 색칠한 종이띠, 113.5x97.5cm, 뉴욕 시드니제니스갤러리 (73쪽, 가운데)
피에트 몬드리안 〈흰색, 빨강, 검정의 구성(페인트 No.9)〉 1939~1942년, 캔버스에 유화, 79.4x43.6cm, 워싱턴 D.C. 필립스미술관 (73쪽, 오른쪽)
피에트 몬드리안 〈뉴욕 I〉 1941~1942년, 캔버스에 유화, 120x144cm, 파리 조르주퐁피두 국립예술문화센터 (76쪽, 왼쪽)
피에트 몬드리안 〈뉴욕 I〉(미완성), 1941년, 캔버스에 유화와 색칠한 종이띠, 119x115cm, 뒤셀도르프 노르트라인-베스트팔렌미술관 (76쪽, 오른쪽)
피에트 몬드리안 〈뉴욕, 1941/부기우기〉 1941~1942년, 캔버스에 유화, 95.2x92cm, 뉴욕 헤스터다이아몬드컬렉션 (77쪽)
피에트 몬드리안 〈브로드웨이 부기우기〉 1942~1943년, 캔버스에 유화, 127x127cm, 뉴욕 현대미술관 (78쪽)
피에트 몬드리안 〈빅토리 부기우기〉(미완성) 1943~1944년, 캔버스에 유화와 색칠한 종이띠, 대각선 178.4cm, 개인 소장 (80쪽)

뉴욕으로 이주한 후, 몬드리안 작품은 이전보다 경쾌하고 밝아졌어.

몬드리안의 후반기 작품을 보면 이전 작품에 비해 화면이 밝아지고 부드러워진 것 같지 않니? 다음 쪽의 작업 중인 몬드리안 사진에서도 보이듯이 몬드리안은 성격이나 작품 모두 왠지 딱딱하고 결벽주의자 같은 차가운 이미지가 있는데 말이야. 도대체 몬드리안에게 무슨 일이 있었기에 작품이 변한 것일까? 힌트는 제목에 있어. 바로 '뉴욕'에 그 답이 있단다.

유럽에서 추상미술 운동을 하던 몬드리안은 제2차 세계대전이 발발한 뒤 독일 나치군의 폭격을 피해 1940년 10월 3일 미국 뉴욕으로 이주했어.

뉴욕에서 〈브로드웨이 부기우기〉를 작업 중인 몬드리안 사진이야.

앞줄 오른쪽에서 두 번째가 샤갈(Marc Chagall, 1887~1985),
뒷줄 왼쪽에서 두 번째가 몬드리안이야.
그 외 사진에 등장하는 인물들 모두 세계적인 거장들이지.

자연히 몬드리안의 말년 이후 작품에는 '뉴욕'이라는 도시 문화가 주요 테마가 되었지.

그런데 뉴욕의 어떤 점이 몬드리안의 작품에 변화를 일으켰을까? 세계대전으로 가치관과 권위를 상실한 유럽의 예술가들에게 뉴욕은 새로운 희망의 도시였어. 두 차례 세계대전을 계기로 유럽 예술가들이 뉴욕으로 대거 망명하면서 미국 미술계는 짧은 역사에도 불구하고 비약적으로 성장했지.

뉴욕은 미국 최대의 상업·금융·예술의 중심 도시야. 특히 뉴욕 맨해튼의 중심부는 가로로 난 도로(Street)와 세로로 난 도로(Avenue)가 규칙적으로 교차하여 바둑판 모양을 이루고 있어. 잘 구획된 거리, 현란한 네온사인과 자동차 경적 소리, 그리고 고층 빌딩으로 가득한 현대 도시 뉴욕에는 다양한 인종들이 모여 있단다. 이런 신대륙의 활기와 유머, 자유로움과 역동성은 몬드리안에게 미래에 대한 환상으로 다가왔어. 인간이 만든 질서 정연한 현대적 건축과 도시의 거리는 몬드리안의 새로운 주제가 되었어.

항상 새로움을 추구한 몬드리안에게 뉴욕은 천국 같았어. 유럽이 새로운 것보다는 옛것의 가치가 존중되는 구대륙이라면, 뉴욕은 무엇이든 새것일 수밖에 없는 신대륙이었거든. 그래서일까? 몬드리안의 재료 실험도 뉴욕에 거주하던 시기에 처음 등장했어. 색칠한 점착성 종이띠 작업은 노년의 몬드리안을 캔버스에 반복해서 칠을 해야만 했던 고된 노동에서 벗어나 훨씬 빠르게 작품을 완성할 수 있게 해 주었지.

뉴욕에서 몬드리안은 접착 색테이프를 이용하여 작업하기 시작했어.

'**뉴욕**'은 몬드리안의 후기작에서 가장 자주 등장하는 제목이야. 그런 점에서 몬드리안이 얼마나 뉴욕이란 도시의 삶에 만족했는지 알 수 있겠지? 뉴욕의 독특한 문화는 몬드리안에게 새로운 예술의 자극제가 되었어. 몬드리안은 이곳에서 생애 가장 행복하고 평화로운 시절을 보냈다고 해. 전쟁의 공포도, 구유럽의 구태함도 없었으니까. 무엇보다 반듯하게 직각으로 구획된 거리와 직선으로 쭉쭉 높이 치솟은 고층 빌딩에 둘러싸여 있는 뉴욕을 보고 몬드리안은 탄성을 질렀어. 도시의 이미지 자체가 자신이 추상미술에서 꿈꾸던 이상적인 도시의 모습이었거든. 몬드리안은 이 상향을 현실(뉴욕)에서 발견하였던 거야.

　뉴욕 시절의 작품에는 '부기우기'란 제목이 자주 등장하는데, 이는 몬드리안의 음악적 취향을 반영한 거야. 부기우기는 재즈의 한 형식으로 1920년대 후반 미국 남부의 흑인 피아니스트들이 고안한 피아노 블루스의 특이한 주법이야. 몬드리안은 평소 음악에 심취했는데, 특히 뉴욕에 살 무렵에는 재즈에 푹 빠져 있었어.

몬드리안이 1941년부터 1942년에 그린 〈뉴욕, 1941/부기우기〉야.

제목 가운데 '브로드웨이'는 상업 극장들이 밀집해 있는 뉴욕 맨해튼의 중심 거리이고, '부기우기'는 당시 유행하던 재즈 음악 형식이야.

〈브로드웨이 부기우기〉는 뉴욕의 화려한 거리, 생동적인 재즈 음악과 댄스에서 영감을 얻어 그린 말년의 걸작이야.

몬드리안은 무엇보다 뉴욕만의 독특한 생동감과 열정을 표현하고 싶어 했어. 오랜 실험과 고심 끝에 몬드리안은 무거운 느낌을 주는 검은색 선들을 과감히 없애고, 밝고 경쾌한 노란색의 크고 작은 직사각형과 정사각형으로 대체했지. 그리고 간간이 회색·붉은색·파란색의 정사각형과 직사각형으로 분할하여 그렸어.

그림을 보면, 노랑과 빨강, 그리고 파란색의 알록달록한 띠와 작은 사각 꼴 모양의 패턴이 규칙적으로 배열되어 있어. 확실히 이전의 그림과는 달리 가볍고 활기찬 느낌이 나지. 여기서 수직선과 수평선이 교차해서 만들어진 사각의 형태들은 음악적 운율을 표현하는 것이고, 반복적으로 배열되어 있는 원색의 사각 꼴들은 부기우기의 경쾌한 리듬을 표현했어. 즉, 부기우기 춤곡의 빠른 리듬과 예측할 수 없는 재즈의 템포, 그리고 뉴욕의 브로드웨이의 생동감을 시각적으로 보여 주고 있는 그림이야.

그러니 몬드리안의 '부기우기' 작품을 감상할 땐, 1940년대 유행하던 재즈 리듬을 떠올리면서 보면 어떨까? 몸이 흔들리고 있는 듯한 독특한 리듬감과 즉흥연주는 재즈 특유의 자유와 창조성, 그리고 열정을 대변하고 있어. 이런 점이 몬드리안의 재즈에 매료된 이유야. 재즈는 미국에 거주하는 흑인의 민속음악과 백인의 유럽 음악이 결합되어 만들어졌기에, 태생적으로 융합적인 성격과 자유분방함을 지닌 음악이야. 그런 점이 가장 뉴욕다운 음악이라고 할 수 있지.

전쟁의 공포에서 벗어나 되찾은 자유를 뉴욕에서 느껴서일까? 〈브로드웨이 부기우기〉에 와서는 검은 선으로 구성된 엄격한 격자무늬가 완전히 사라졌어. 그 대신 노란색이 주를 이루는 밝은색 띠가 화면을 활기차게 만들고 있어. 또한 색 띠를 색색의 작은 네모꼴이 연속적으로 이어 주고 있어. 약간 떨어져서 보면, 네모꼴의 연속 문양들은 마치 뉴욕의 화려하면서도 복잡한 거리가 연상되지. 격자 모양의 반듯한 거리와 하늘을 찌를 듯이 솟은 아주 높은 고층 건물들, 온갖 차들의 경적 소리들, 지하철의 소음들, 맨홀에서 뿜어 나오는 연기, 재즈를 타고 흐르는 운율에 몸을 움직이는 흑인 소년들과 현란한 네온사인들이 보이지 않니? 〈브로드웨이 부기우기〉에는 음악, 건축이 빚어낸 도시의 역동성과 아름다움이 있어.

뉴욕 도시는 몬드리안에게 그 자체로 그림이었던 셈이야. 몬드리안은 신대륙의 도시 뉴욕에서 다시 샘솟는 삶의 기쁨을 느꼈고, 뉴욕 생활의 즐거움을 놀랍도록 생동적이고 율동적으로 표현했어. 자유의 땅이자 기회의 도시, 뉴욕의 약동하는 힘을 보여 주고 있지.

〈빅토리 부기우기〉도 절제된 색상과 엄격한 구성에서 벗어나 상당히 경쾌한 리듬감을 보여 주고 있어. 역시 정지된 느낌의 검은색 선은 과감히 버리고 노랑, 빨강, 파란색의 띠 모양의 사각형을 중간중간에 섞어 승리의 기쁨과 축제의 분위기를 나타냈어. 크고 작은 직사각형과 정사각형의 조각들은 때론 촘촘하게, 때론 여유롭게 변화를 주며 이어져 있는데, 마치 승리의 기쁨과 환희를 자축하는 듯하지 않니?

〈빅토리 부기우기〉라는 제목에서 느껴지듯이

제2차 세계대전의 승리를 기대하며 그린 〈빅토리 부기우기〉는 몬드리안의 마지막 작품이 되었어.

이 작품은 몬드리안이 연합군의 승리를 확신하는 염원으로 제작하였어. 이 작품에서 '빅토리(승리)'는 정치적인 상징과 함께 새로운 회화를 개척하고자 한 몬드리안 개인의 승리를 의미하고 있어. 그러나 아쉽게도 그는 연합군의 승리를 보지 못한 채 폐렴으로 1944년 2월 1일 만 72세의 나이로 사망해. 평화와 질서를 갈구하며 제작한 이 작품은 그의 사망으로 결국 미완성으로 남았어.

하지만 몬드리안의 〈빅토리 부기우기〉는 다른 어떤 작품보다 음악성을 창조해 내는 데에 성공했어. 반복적인 네모꼴 패턴은 하늘을 수놓는 영롱한 별빛처럼, 혹은 뉴욕의 거리를 장식하는 화려한 불빛처럼 아름다운 '부기우기' 율동을 만들어 내고 있어.

칠십 평생 동안 질서와 조화와 균형을 추구해 온 추상미술의 대가 몬드리안은 자신의 이상이 뉴욕에서 현실화된 것을 즐긴 것 같아. 두 차례에 걸친 세계대전이라는 시대의 비극을 초월하고 싶어 했던 이상주의자

몬드리안이 세상을 떠난 뒤의 작업실 모습이야.

몬드리안은 수직선과 수평선이 직각으로 만나듯 완벽한 평형을 이루는 사회가 가능하다고 믿었고, 그것을 그림에서 완성시켰던 화가였어.

역사적으로 화가들은 그림 밖의 세상을 그려 왔어. 그러나 추상화가들은 그림 안의 세상을 그리기 시작했지. 화가의 가슴 안에 있는 또 다른 세상을 그리기 시작한 거야. 몬드리안 역시 마음속의 느낌과 희망을 그렸어. 말년의 몬드리안은 엄격하고 절제된 구성에서 벗어나 어린아이 같은 천진한 감성과 현실적인 즐거움이 반영된 멋진 그림을 만들어 냈어. 이러한 제작 의도는 이전의 몬드리안에겐 상상할 수도 없었던 일이지. 아마도 말년의 거장 몬드리안은 '버리면 비로소 보인다'는 진리를 깨달은 것이 아닐까?

"우리가 자연의 외형을 버리면 자유로워질 수 있다."

_피에트 몬드리안

미술놀이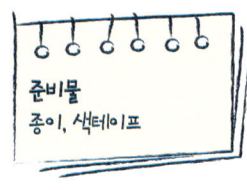

4-1 색테이프로 표현하기

'새로움의 전문가'인 몬드리안은 다양한 재료를 사용하는 데에 관심을 가졌어. 고무를 바른 종이띠처럼 생긴 점착성의 색테이프는 몬드리안이 뉴욕에 거주하던 시기에 처음으로 등장했어. 이때 몬드리안은 테이프를 여러 개 구입했는데, 이로써 캔버스에 반복해서 칠하던 이전의 고된 방식보다 훨씬 빨리 작품을 만들 수 있었다고 해.

1941년 작품인 〈뉴욕 I〉을 포함해 테이프를 이용한 습작 스케치 몇 점이 남아 있고, 이런 방식으로 표현된 일부 스케치들은 작품 〈뉴욕〉처럼 회화로 완성되었다고 해.

〈뉴욕 I〉은 캔버스에 유채와 색칠한 종이띠로 만든 작품인데, 안타깝게도 미완성이야. 몬드리안은 테이프들이 상호 관계 속에서 자리를 잡을 때까지 자리를 이동시켜 흰색 캔버스에 본인이 원하는 리듬감을 만들어 나갔어.

우리도 몬드리안처럼 색테이프를 이용해서 나만의 리듬을 담은 작품을 만들어 보도록 하자.

준비물
종이, 물감 등 채색 도구

4-2 내가 살고 있는 도시 표현해 보기

바둑판식으로 된 도로가 뉴욕의 특징이야. 스트리트는 뉴욕의 기로로 된 길이고, 에비뉴는 뉴욕의 세로로 된 길이야. 그렇기 때문에 스트리트와 에비뉴의 시스템만 잘 이해하면 뉴욕에서 길을 찾는 것은 쉽다고 해. 이렇게 규칙적이고 직선으로 이루어진 뉴욕을 보고 몬드리안이 얼마나 감탄했겠어. 그렇기 때문에 몬드리안의 후기작에서 가장 자주 등장하는 제목이 바로 뉴욕이란 도시 이름이지. 추상미술에서 몬드리안이 꿈꾸던 이상적인 도시의 모습이 바로 뉴욕이었으니까 말이야.

우리도 몬드리안처럼 지금 내가 살고 있는 도시를 그림으로 표현해 볼까? 서울에 살고 있다면 복잡한 도시를, 지방에 살고 있다면 정다운 시골길을 떠올리며 그려 보는 건 어때?

뜨거운 추상 vs 차가운 추상

■ 수록 작품

피에트 몬드리안 〈빨강, 노랑, 파랑의 구성〉 1932년, 캔버스에 유화, 42x38.5cm, 취리히 막스빌컬렉션 (90쪽)
바실리 칸딘스키 〈첫 번째 추상적 수채화〉 1910년, 종이에 수채화, 50x65cm, 파리 니나칸딘스키컬렉션 (91쪽)
바실리 칸딘스키 〈작곡(Composition) 4〉 1911년, 캔버스에 유화, 159.9x205.5cm, 뒤셀도르프 노르트라인-베스트팔렌 아트컬렉션 (93쪽, 왼쪽)
바실리 칸딘스키 〈즉흥연주〉 1914년, 캔버스에 유화, 110x110cm, 뮌헨 렌바흐 시립박물관 (93쪽, 오른쪽)
바실리 칸딘스키 〈푸른 하늘〉 1940년, 캔버스에 유화, 100x73cm, 파리 국립현대미술관 (94쪽, 왼쪽)
피에트 몬드리안 〈검은 선의 리듬〉 1935~1942년, 캔버스에 유화, 72.2x69.5cm, 뒤셀도르프 노르트라인-베스트팔렌미술관 (94쪽, 오른쪽)
피에트 몬드리안 〈콩코드 광장〉 1938~1943년, 캔버스에 유화, 94x95cm, 댈러스 댈러스미술관 (95쪽)

추상미술은 눈에 보이는 현실이나 사물을 구체적으로 묘사하지 않는 미술을 말해. 그런데 추상미술에도 종류가 있단다. 일명 '뜨거운 추상'과 '차가운 추상'이라고 하지. 뜨거운 추상은 무엇이고, 차가운 추상은 또 뭘까? 혹시 기억나니? 3장에서 몬드리안의 신조형주의를 '차가운 추상'이라고 설명했던 거 말이야. 몬드리안의 작품들이 기하학적 요소로 지적이고 논리적인 화면을 구성한다고 해서 차가운 추상이라고 하지. 반면 바실리 칸딘스키(Wassily Kandinsky, 1866~1944)의 경우는 뜨거운 추상에 해당해.

칸딘스키와 몬드리안은 둘 다 추상미술 작가야. 이들은 사실적인 묘사에서 완전히 벗어나서 선과 색만으로도 그림이 될 수 있는 것을 보여 준 작가였어. 하지만 이들의 추상회화가 뜨거운 추상과 차가운 추상으로 나뉘듯이 두 화가의 작업 방식은 완전히 대조적이었어.

감정의 '절제', 차가운 추상의 대가 몬드리안은 자연의 모든 형태를 수평선과 수직선, 삼원색과 검은색, 흰색의 면으로 단순화해서 화면을 구성했어. 그래서 화면 안의 모든 것들이 한 치의 흐트러짐 없이 매우 질서 정연하게 정리되어 있지. 만약 우리가 살고 있는 사회가 몬드리안의 그림처럼 완벽한 균형과 질서를 이루고 있다면, 어떤 경우에도 사람들이 타락하지 않을 거야. 그것이 윤리적이고 도덕적인 몬드리안이 꿈꿔 온 이상적인 세계였어. 이곳에선 약간의 오차도 흐트러짐도 없으며, 계층 간의 갈등이나 불공정함 등도 없거든. 하지만 몬드리안의 기하학적 추상미술

몬드리안의 '차가운 추상'

은 매우 차갑게 보여. 사회 질서를 위한 규범들을 실천하기 위해서는 언제나 누구에게나 냉정하고 엄격해야 하니까. 그래서 '차가운 추상'이야.

감정의 '분출', 뜨거운 추상 화가 칸딘스키는 1910년 최초의 추상 미술을 제작하였어. 칸딘스키가 추상회화를 그린 이유는 몬드리안의 경우와는 차이가 있단다. 칸딘스키는 마음의 상태를 있는 그대로 그리고

칸딘스키의 '뜨거운 추상'

싶어 했어. 칸딘스키가 이렇게 감정 표현에 매달렸던 배경 역시 전쟁의 후유증과 관계가 있어. 제1차 세계대전으로 유럽인들은 독재와 부패 그리고 그로 인한 전쟁이 가져다준 공포와 가난, 비애 등을 뼈저리게 경험했어. 전후 화가 칸딘스키는 말로는 도저히 표현하기 어려운 인간의 감정 상태, 즉 끓어오르는 격정이나 불안 등을 추상 그림으로 '표현'했던 거야.

전쟁은 인간에게 엄청난 상처를 남겼어. 전쟁을 겪은 이들의 고통은 우리의 상상을 초월하지. 세계대전을 경험한 화가 칸딘스키는 '고통스러움' '화가 치밀어 오름' 혹은 '괴로워 미칠 듯함'과 같은 감정을 그림에 담고자 했어. 하지만 감정이란 형태도 없을뿐더러 그 상태 그대로 정지되어 있는 성질의 것이 아니잖아. 엄청나게 슬프다가도 잠시 풀어졌다가 다시

우울해졌다가 하니까. 감정이란 변화무쌍한데 이런 상태를 어떻게 시각적으로 표현한단 말일까? 칸딘스키는 복잡다단하고 유동적인 감정의 상태를 추상미술로 표현했어. 칸딘스키의 추상회화를 보면, 몬드리안의 그림에 비해 규칙도 없어 보이고 혼란스러워 보이지 않니? 그런데 구체적인 내용은 알 수 없지만 형태와 색채가 자유분방하다는 것은 느껴지지. 순간순간 감정에서 나오는 '긴장과 완화'가 반복되고 있거든. 인간의 감정 세계란 아주 격렬하고 에너지가 넘치기 때문이야. 그래서 칸딘스키의 추상회화를 '뜨거운 추상'이라고 불러.

몬드리안의 추상이 '차가운 추상'이란 말에 걸맞듯 인고와 노력의 산물이었다면, 칸딘스키의 '뜨거운 추상'은 사실 아주 우연한 순간의 '발견'에서 시작되었어. 어느 날 스케치하러 나갔다가 자신의 화실로 돌아온 칸딘스키는 화실에서 유난히 아름다운 광채를 발하는 그림 한 폭을 보았다고 해. 단지 밝게 빛나는 색채의 반점만 보였는데, 가까이 다가가 찬찬히 살펴보니 옆으로 돌려놓은 자기 그림이었다는 거야. 그래서 이 경험을 통해 형태 묘사를 버리고 순수하게 색과 선만 가지고 그리기 시작했어. 칸딘스키는 색만으로도 얼마든지 아름다운 작품이 될 수 있다는 것을 발견한 셈이지.

사실적인 그림은 그려져 있는 대상이 분명한 만큼 보는 사람의 감상은 비슷할 수밖에 없어. 칸딘스키는 그런 점이 불만이었어. 그리고 차라리 무엇이 그려져 있는지 모르는 추상미술이 더 순수하고 아름답다고 생각했어. 왜냐하면 추상화의 감흥은 보는 사람의 상상에 달려 있기 때문이야.

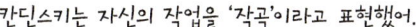
칸딘스키는 자신의 작업을 '작곡'이라고 표현했어.

그런데 칸딘스키의 작품들의 제목을 보면 대부분이 '작곡' 또는 '즉흥 연주'라는 것을 알 수 있어. 제목이 상당히 음악적이지? 음악은 가사가 없어도 혹은 구체적인 대상을 설명하는 것이 아니어도 듣는 이의 영혼을 뒤흔들기도 하고, 마음의 상처를 위로하거나 치유하기도 하지. 칸딘스키는 미술에서도 음악적 감동이 가능하다고 생각했어. 미술도 주제나 대상, 메시지가 없어도 순수한 조형 요소만으로도 즐길 수 있다고 주장했어. 그래서 음악가가 음표를 갖고 작곡을 하듯이, 칸딘스키는 색·점·선·면 등의 순수한 조형 요소들을 적절히 사용하여 공포나 비애, 환희 같은 다양한 감정들을 표현하기 시작한 거야. 칸딘스키는 추상회화의 작곡가라고 할 수 있지.

하지만 색과 선으로 어떠한 감정을 표현했는지 알지 못하면 칸딘스키의 추상화는 한낱 벽에 붙은 얼룩이나 낙서에 불과해. 칸딘스키는 색채에서 소리를 들을 수 있었던 화가였어. 칸딘스키에게 노란색은 자극을, 붉은색은 뜨거운 정열을, 파란색은 무한의 감성을, 초록색은 고요함을, 하얀색은 침묵을, 굵은 직선은 강인함을, 곡선은 부드러움을 의미해. 칸딘스키는 작곡을 하는 것처럼 색채와 선을 선율적으로 구성했고, 그렇게 해서 완성된 것이 현대 추상회화야. 원제 〈Composition〉은 조형적으로 '구성'이란 의미이면서, '작곡'이라는 음악적 해석도 가능해. 작곡을 하듯 색과 선을 '구성'한 칸딘스키의 작품에서는 음악과 미술이 하나가 되었단다.

4장에서 보았듯이, 몬드리안 역시 부기우기라는 피아노 블루스의 특이한 주법을 미술에 접목해 화면에 경쾌한 리듬감을 표현했어. 이렇듯 몬드리안이나 칸딘스키 모두 미술과 음악의 조화를 추구했다는 공통점이 있어. 몬드리안은 직각으로 교차되는 선과 삼원색으로, 칸딘스키는 자유

칸딘스키도, 몬드리안도 미술과 음악의 조화를 추구했어.

로운 선과 동적인 느낌의 색으로 말이야. 하지만 두 화가의 작품 세계에는 분명한 차이점이 존재해. 칸딘스키의 '뜨거운 추상'이 표현주의적이며 격렬한 색채의 효과를 추구한 반면, 몬드리안의 '차가운 추상'은 논리적인 공간을 추구하고 있어. 같은 추상미술이라도 감정에 중점을 두는가, 지성에 중점을 두는가에 따라서 크게 나누어지는 거지.

고전 미술가들이 '외양의 재현'에 철저히 매달렸다면, 현대 미술가들은 '내면의 표현'에 열정을 다했어. 현대 추상화가들은 인간의 내부로 눈을 돌려 내면의 울림을 담아내려고 했던 거야. 추상 미술가들은 우리들에게 현실에선 불가능한 '절대와 자유'를 회화에서 느끼게 해 주었어. 세계대전의 혼돈과 격동을 겪어 낸 사람들이 추상미술을 통해 도달하고자 했던 것은 완벽한 세상, 즉 회화의 유토피아였어.

몬드리안이 그린 〈콩코드 광장〉이야.

미술놀이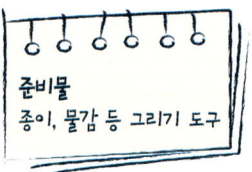

5-1 뜨거운 추상 표현해 보기

추상미술을 대표하는 화가 몬드리안과 칸딘스키는 각각 차가운 추상과 뜨거운 추상 화가로 불려. 칸딘스키는 전쟁을 겪은 뒤 느낀 불안이나 고통 등의 마음 상태를 있는 그대로 그렸어. 말로 표현하기 어려운 감정 상태를 추상 그림으로 표현했지. 칸딘스키의 추상회화를 보면 몬드리안의 그림에 비해 규칙도 없고 혼란스러워. 하지만 자유분방하지.

지금 우리 감정은 어떠하니? 혹시 동생과 싸우고 난 뒤라서 화가 났니? 아니면 오늘 학교에서 친구와 재미있게 놀았던 기억 덕분에 행복하니? 지금 이 기분을 있는 그대로 그림으로 한번 표현해 봐. 칸딘스키보다 멋진 작품이 나올 테니 말이야.

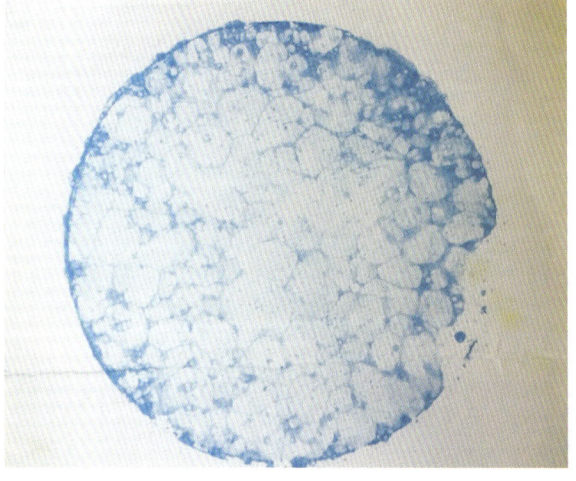

5-2 음악을 들으며 표현해 보기

음악은 가사가 없어도, 구체적인 대상을 설명하는 것이 아니어도 듣는 사람의 영혼을 뒤흔들기도 하고, 마음의 상처를 위로하거나 치유하기도 하지. 칸딘스키는 미술에서도 음악적 감동이 가능하다고 생각했어. 몬드리안 역시 미술과 음악의 조화를 추구했지. 몬드리안의 〈브로드웨이 부기우기〉나 〈빅토리 부기우기〉에는 제목에 '부기우기'라는 재즈의 한 형식인 단어가 들어가 있지. 칸딘스키는 작품 이름이 아예 '작곡'이라는 뜻의 단어이기도 하고.

우리도 몬드리안이나 칸딘스키처럼 음악을 듣고, 그 음악을 그림으로 표현해 보자.

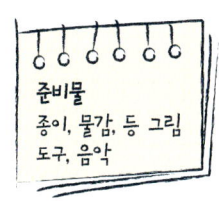

부록

1. 몬드리안보다 앞선 조선 보자기
2. 몬드리안의 발자취
3. 미술관에 놀러 가요

■ 수록 작품

작가 미상 〈모시 조각보〉 조선 시대 말기, 43x44cm, 서울 한국자수박물관 (101쪽, 왼쪽)
피에트 몬드리안 〈빨강, 노랑, 파랑, 회색의 구성〉 1920년, 캔버스에 유화, 100.5x101cm, 런던 테이트갤러리 (101쪽, 오른쪽)
작가 미상 〈모시 조각보〉 조선 시대 말기, 43x44cm, 서울 한국자수박물관 (102쪽, 왼쪽)
피에트 몬드리안 〈노랑, 검정, 파랑, 빨강, 회색의 타블로 2〉 1922년, 캔버스에 유화, 55.6x53.4cm, 뉴욕 솔로몬구겐하임미술관 (102쪽, 오른쪽)
작가 미상 〈세모 조각 상보〉 조선 시대 말기, 45x45cm, 서울 한국자수박물관 (104쪽, 왼쪽 위)
피에트 몬드리안 〈네 노란 선의 마름모 구성〉 1933년, 캔버스에 유화, 대각선 112.9cm, 헤이그 시립미술관 (104쪽, 오른쪽 위)
작가 미상 〈모시 조각 옷보〉 조선 시대 말기, 57x61cm, 서울 한국자수박물관 (104쪽, 왼쪽 아래)
피에트 몬드리안 〈빨간색의 구성〉 1939년, 캔버스에 유화, 102x104cm, 베네치아 페기구겐하임미술관 (104쪽, 오른쪽 아래)
작가 미상 〈청홍 모시 조각보〉 조선 시대 말기, 43x43cm, 서울 한국자수박물관 (105쪽, 왼쪽 위)
피에트 몬드리안 〈밝은 색과 회색선의 마름모〉 1919년, 캔버스에 유화, 대각선 84cm, 오테를로 크뢸러뮐러 국립미술관 (105쪽, 오른쪽 위)
작가 미상 〈비단 조각보〉 조선 시대 말기, 48.5x46.5cm, 서울 한국자수박물관 (105쪽, 왼쪽 아래)
피에트 몬드리안 〈그리드 8의 구성: 어두운 색의 바둑판 구성〉 1919년, 캔버스에 유화, 84x102cm, 헤이그 시립미술관 (105쪽, 오른쪽 아래)
피에트 몬드리안 〈회색선 마름모(검정과 회색의 구성)〉 1919년, 캔버스에 유화, 대각선 84cm, 펜실베니아 필라델피아미술관 (106쪽, 왼쪽 위)
피에트 몬드리안 〈그리드 7의 구성〉 1919년, 캔버스에 유화, 48.5x48.5cm, 바젤 바젤미술관 (106쪽, 왼쪽 아래)
작가 미상 〈오방낭자〉 조선 시대 후기, 비단, 11x12cm, 개인 소장 (107쪽, 위)
작가 미상 〈신부용 녹원삼〉 조선 시대 후기, 비단, 110x112x48cm, 용인 단국대학교 석주선기념박물관 (107쪽, 아래)

몬드리안보다 앞선 조선 보자기

한국자수박물관에 있는 조선 말기의 모시 조각보(왼쪽)와
몬드리안이 1920년에 그린 〈빨강, 노랑, 파랑, 회색의 구성〉(오른쪽)을 비교해 봐.

간혹 몬드리안 그림이 눈에 익숙하지 않니? 재미있는 사실 하나 알려 줄까? 추상이라는 말만 들어도 골치가 아프다는 사람도 있는데, 정작 우리나라 사람들의 예술적 DNA 안에는 추상적 감성이 무궁무진하다는 사실이야.

한국인들은 아주 옛날부터 생활 속에서 추상 이미지와 같이 살아왔어. 다만 추상 이미지가 우리의 삶에 가까이 있어 왔기에 오히려 특별히 인식하지 못했을 뿐이야. 예를 들어 모시 조각보를 볼까? 이것은 물건을 싸거나 덮어 두는 데에 사용하던 보자기야. 요즘에는 특별한 경우가 아니면 잘 사용하지 않지만, 옛날에는 유용하게 쓰이던 아주 친숙한 생활 도구였어. 그런데 만약 이것이 보자기가 아니라 그림이라면, 옆에 있는 몬드

모시 조각보와
몬드리안의
〈노랑, 검정, 파랑, 빨강,
회색의 타블로 2〉

리안의 추상 그림과 정말 비슷하지 않니?

현대 화가 몬드리안이 20세기 초에 와서 발견한 추상의 아름다움을 우리는 아주 옛날부터 알고 있었어. 그렇다고 대단한 작품이라고 모셔 두고 보기만 한 것이 아니라, 남녀노소 지위 고하를 막론하고 누구나 생활 용품으로 널리 사용해 왔어. 보자기는 천으로 만들었기에 어떤 형태의 물건이든, 어떤 장소이든 관계없이 매우 유용하게 사용할 수 있었지.

보자기가 특히 우리나라에서 다양하게 발달한 배경은 주거 공간이 협소했기 때문에 실용적인 가재 도구로 만들었던 것 같아. 필요에 따라 물건을 덮거나 싸서 보관하거나 쇼핑백처럼 사용할 수도 있었지. 옷을 덮어 두면 옷보로, 밥상에 덮으면 밥상보 등 얼마든지 변신이 가능했거든. 또한 조선 시대 평범한 여인들은 수를 놓거나 조각 천을 하나하나 정성껏 이어 붙이고 공들여 만들어 가는 과정에서 '복'을 빌었어. 그래서 보자기에 물건을 싸 두는 것은 복을 싸 둔다는 뜻으로 통했어.

조선의 여인들은 안방 한구석에서 시간이 날 때마다 한 땀 한 땀 정성스러운 손길로 아름다운 보자기를 만들어 사용했어. 비록 이름 없는 평범한 아낙이 만든 규방 공예품이지만 한 폭의 보자기가 지닌 뛰어난 색채 구성과 분할미는 어느 현대 작품 못지않아.

무엇보다 놀라운 점은 한국 보자기의 색채 구성에 나타나는 '조화로움과 짜임새'야. 보자기를 만든 여인들은 전문가가 아니었지만, 그들이 만든 보자기에는 현대 화가 몬드리안이 철학과 미술 이론을 총 동원해 완성시킨 조화와 질서, 균형의 아름다움이 다 모여 있어. 게다가 보자기들은 비슷한 것 같아도 똑같은 것은 하나도 없어. 어떻게 전문적인 미술 교육을 받지 않은 여인들이 저토록 세련된 색상의 배치를 할 수 있었는지 감탄스러울 정도야. 화사하면서도 간결한 구성은 현대 추상미술이라고 해도 무방하지. 그런 의미에서 조각보는 단순한 공예품을 넘어 순수 미술의 경지에 이른 작품이라고 할 수 있어.

이렇게 아름다운 색상과 구성의 보자기가 탄생할 수 있었던 건 폐품 활용에 있었단다. 조선 시대에는 천이나 옷감이 매우 귀했어. 그래서 조선의 여인들은 옷을 짓거나 사용하고 남은 천 자투리를 버리지 않고 보자기 재료로 활용해서 조각보를 만들었어. 자투리 천을 이용하다 보니 색상을 마음대로 골라 쓰지 못하고 있는 것 중에서 선택할 수밖에 없었겠지. 그렇기 때문에 빨강, 노랑, 파랑 등 강렬한 원색의 구성으로 만들어진 것도 있지만, 대부분 세모 조각 상보처럼 은은하고 연한, 중간 톤의 색상인 거야.

하지만 조선의 여인들은 재료의 한계를 탓하지 않고, 타고난 미적 감

세모 조각 상보와
몬드리안의 〈네 노란 선의
마름모 구성〉

모시 조각 옷보와
몬드리안의
〈빨간색의 구성〉

각을 발휘했어. 모시 조각 옷보를 보면, 빨강이나 파랑 같은 강한 원색을 간간히 배치해서 밋밋해질 수 있는 구성에 포인트를 주었어. 네 모서리에는 붉은색 조각으로 균형을 맞췄고, 가운데 부분에는 푸른색 조각을 불규칙적으로 매치해서 변화를 주고 있어.

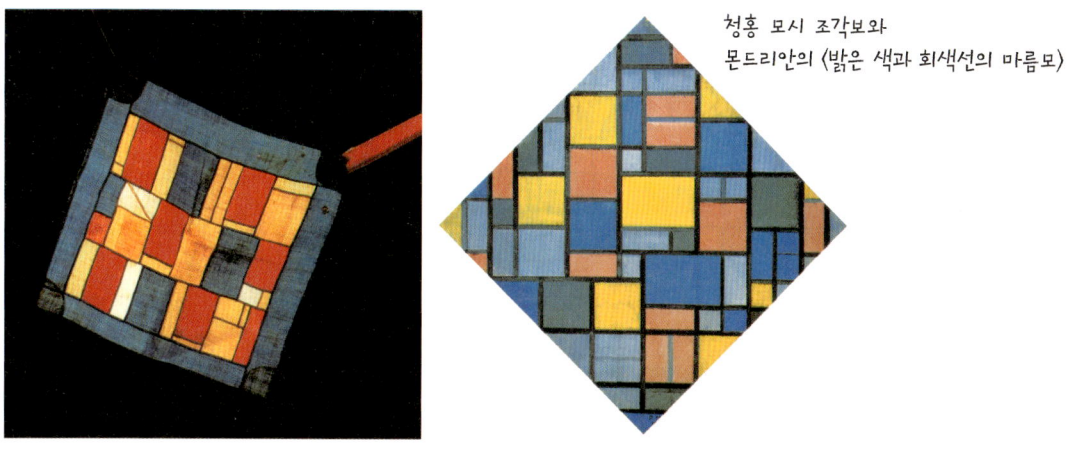

청홍 모시 조각보와
몬드리안의 〈밝은 색과 회색선의 마름모〉

게다가 거친 천 조직의 질감을 살려서 은은하면서도 오묘한 멋까지 한 몫하고 있거든. 조각조각 모아진 작은 자투리 천 조각을 이어서 하나의 커다란 보자기를 만들었고, 조각을 이어 붙이는 과정에서 색상의 조화를 이용해 세련되고 현대적인 추상의 세계를 만들었어. '쓰다 남은' 천 조각으로 예술 작품을 만들었으니, 이것이야말로 최고의 재활용이 아닐까? 우리 옛 선인들은 정말 예술적 미감을 타고난 것 같아!

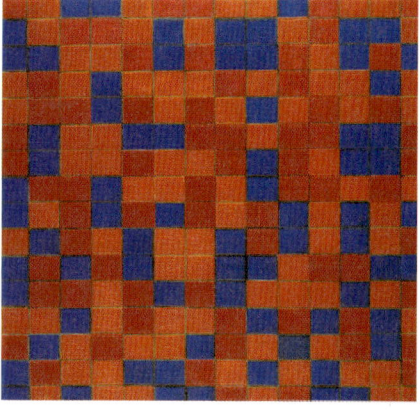

비단 조각보와 몬드리안의
〈그리드 8의 구성: 어두운 색의 바둑판 구성〉

선·면·색의 조화로 이루어진 추상미술은 몬드리안 이전에 조선 여인들에 의해 이미 이루어졌다고 볼 수 있어. 만약 몬드리안이 한국의 보자기를 본다면, "아이고, 형님! 제가 졌습니다." 하지 않을까?

보자기 외에도 우리 주변에는 추상적 문양으로 장식된 것들이 의외로 많단다. 특히 전통 건축물의 돌담이나 기단*을 보면, 다양한 사각형의 돌을 쌓아 멋진 추상을 만들어 냈어. 혹은 전통 가구나 창호지 창틀을 구성하는 기하학적 전통 문양들에서도 추상을 발견할 수 있어. 공예품이나 한복 역시 아름다운 추상적 구성미가 단연 돋보여.

*기단
터보다 한층 더 높게 쌓은 단.

몬드리안의 〈회색선 마름모(검정과 회색의 구성)〉과 창경궁 명정전의 창틀

몬드리안의 〈그리드 7의 구성〉과 창덕궁 대조전 안방의 미닫이문

오방낭자는 청색(동쪽)·백색(서쪽)·적색(남쪽)·흑색(북쪽)·황색(중앙)의 오색 비단을 방위에 맞추어 배열하여 만든 두루주머니이야. 이걸 허리에 차고 다니면, 액운을 면하고 복이 들어온다고 해. 동양적 기복신앙의 의미에서 만들었지만, 다섯 방위를 상징하는 오방색이 만들어 내는 구성미는 세련된 추상화를 보는 것 같지. 한복 문양에 보이는 수평·수직 구성도 강렬한 원색의 배치와 어우러져 추상미를 보이고 있어.

오방낭자

신부용 녹원삼

20세기 추상미술을 완성시킨 몬드리안의 〈구성〉 시리즈들과 우리의 전통 문양들을 비교해 보면 아주 비슷하다는 점을 확인할 수 있지. 이렇듯 우리에게는 전통적으로 추상적 감각이 배어 있어. 더욱이 아주 오랫동안 생활환경에서 자연스럽게 만들어져 이어져 온 '자연 발생적' 추상미란 점이야. 그러니 앞으로는 추상 앞에서 주눅 들거나 겁먹을 필요 없어. 우리는 아주 수준 높은 추상적 미감을 갖고 있으니까!

몬드리안의 발자취

1872년   3월 7일 네덜란드의 아메르스포르트에서 교사이자 인쇄업자인 아버지 피테르 코르넬리스 몬드리안과 어머니 요한나 크리스티나 몬드리안 사이에서 4남 1녀 중 둘째이자 장남으로 태어남.

1889년   기초 드로잉 교사 자격증 취득 후, 화가인 삼촌 프리츠 몬드리안과 함께 여행하면서 그림을 배움.

1892년   암스테르담으로 가서 왕립미술아카데미에 등록함.

1894~1897년   아카데미의 야간 과정에 계속 다니면서 국립미술관의 정물화·초상화·풍경화 등을 모사함. 지방의 미술 그룹들과 정기적으로 전시에 참여함.

1898년   '로마상'에 출품했으나 낙선한 뒤, 빈테르스베이크로 이주하여 상징주의풍의 그림을 그림.

1901년   다시 '로마상'에 도전했으나 역시 실패함. 주로 암스테르담 교외의 헤인강을 따라 걸으며 풍경화 그리기에 집중함.

1904~1905년   벨기에의 브라반트로 이주하여 풍경화에 몰두하다가 네덜란드 암스테르담에 정착함.

1908년   당시 두드러지기 시작한 루미니즘과 후기 점묘주의 회화의 영향을 받음.

1909년   1월 암스테르담 시립미술관이 몬드리안과 코르넬리스 스포르, 얀 슬로이테르스의 회화 전시회를 엶. 5월에 신지학 협회에 가입. 어머니가 세상을 떠남.

1911년 '현대미술모임'의 첫 전시회에 참여함. 여기에 참여한 세잔, 피카소, 브라크의 작품을 보고 강한 인상을 받아 파리로 떠남.

1912년 몬드리안의 입체파 시기가 시작되어, 점차 그림에서 형상이 사라짐. 황토색, 갈색, 회색이 주를 이루는 나무, 교회 정면 등의 그림이 등장함.

1914년 네덜란드 돔부르크에 있는 동안 제1차 세계대전이 발발하여 1919년까지 머무름. 후기 입체파 시기로 수직·수평의 직선이 점차 두드러지고 곡선과 사선이 사라짐. 소위 '플러스 마이너스' 구성들이 교회의 정면으로부터 〈부두와 바다〉 연작에 사용됨.

1915년 신지학자인 쉰마커스 박사와 이웃으로 지내며 그의 이론과 사상을 받아들임. 테오 반 두스뷔르흐를 만남.

1916년 〈구성〉 연작 여러 점을 완성함.

1917년 10월부터 테오 반 두스뷔르흐가 발행하는 월간 잡지 〈데 스틸〉에 기고함. 이때가 '신조형 시기(선구성)'에 해당함.

1919년 6월에 파리로 돌아옴. 계속해서 신조형주의 회화를 그림.

1920년 미술 이론에 대한 그의 저서 『신조형주의』가 파리에서 출판됨. 수직선·수평선, 삼원색과 무채색으로 이루어진 전형적인 신조형주의 그림을 완성함.

1921년 신조형주의를 실내에 적용한 작업실을 꾸밈. 아버지가 세상을 떠남.

1922년 몬드리안의 50번째 생일을 기념하기 위해 친구들이 암스테르담 시립미술관에서 회고전을 개최함.

1923년　회화에 삼원색과 흑백만을 사용하기 시작함.

1925년　『신조형주의』가 바우하우스 총서 제5권으로 독일에서 출판됨.

1926~1931년　개인 서재와 무대 배경을 디자인함. 새로운 건축과 도시 계획에 대한 글을 집필함.

1927년　테오 반 두스뷔르흐가 신조형주의에 대해 비판한 글을 〈데 스틸〉에 발표한 것을 계기로 '데 스틸' 및 두스뷔르흐와 결별함.

1930년　힐베르쉼의 새 청사를 위한 작품을 의뢰받음.

1932년　암스테르담 시립미술관에서 그의 60회 생일을 기념하는 회고전이 열림.

1936년　파리 라스피유 거리 278번지로 이사함.

1938년　뮌헨 조약이 체결되면서, 그의 영국 친구들이 파리를 떠날 것을 권유함. 모든 작품을 가지고 9월에 런던에 와서 약 2년간 머무름.

1940년　나치의 공격을 피해 런던을 떠나 10월 뉴욕으로 이주함. 미국의 추상 미술가들과 많은 전시에 참여함.

1941년　작품에서 검은색의 수직, 수평선 대신 원색의 선과 작은 사각형들이 강조되어 나타나기 시작함.

1942년　발렌타인 두덴싱 화랑에서 뉴욕 시기의 작품들로 개인전을 엶.

1944년　2월 1일, 폐렴으로 세상을 떠남. 마지막 작품 〈빅토리 부기우기〉는 미완성으로 남음.

1945년　유작 회고전이 3~4월 뉴욕 현대미술관에서 개최됨.

미술관에 놀러 가요

서울시립미술관	sema.seoul.go.kr	02) 2124-8800
예술의전당	www.sac.or.kr	02) 580-1300
경인미술관	kyunginart.co.kr	02) 733-4448
국립현대미술관	mmca.go.kr	02) 2188-6000 (과천관)
		02) 3701-9500 (서울관)
		02) 2022-0600 (덕수궁관)
국립중앙박물관	museum.go.kr	02) 2077-9000
호암미술관	hoam.samsungfoundation.org	031) 320-1801
경기도미술관	gmoma.or.kr	031) 481-7000
강릉시립미술관	gn.go.kr/mu	033) 640-4271
대전시립미술관	daejeon.go.kr/dma	042) 270-7370
경남도립미술관	gam.gyeongnam.go.kr	055) 254-4600
부산시립미술관	art.busan.go.kr	051) 744-2602
포항시립미술관	poma.kr	054) 270-4700
대구미술관	artmuseum.daegu.go.kr	053) 803-7900
전북도립미술관	jma.go.kr	063) 290-6888
광주시립미술관	artmuse.gwangju.go.kr	062) 613-7100
제주도립미술관	jmoa.jeju.go.kr	064) 710-4300

※ 자세한 정보는 미술관의 인터넷 홈페이지와 전화를 통해 문의하시기 바랍니다.